Bibliografische Information der Deutschen Nationalbibliothek:

Bibliografische Information der Deutschen Nationalbibliothek: Die Deutsche Bibliothek verzeichnet diese Publikation in der Deutschen Nationalbibliografie; detaillierte bibliografische Daten sind im Internet über http://dnb.d-nb.de/ abrufbar.

Copyright © 2001 GRIN Verlag GmbH
Druck und Bindung: Books on Demand GmbH, Norderstedt Germany
ISBN: 9783867465472

http://www.examicus.de/e-book/185650/personalisierung-eines-content-management-systems-abbildung-der-struktur

Mirko Vyskozil

Personalisierung eines Content-Management-Systems. Abbildung der Struktur in einer relationalen Datenbank und Implementierung einer Benutzerregistrierung

Examicus Verlag

Personalisierung eines Content-Management-Systems und Abbildung dessen Struktur in einer relationalen Datenbank sowie Implementierung einer Benutzerregistrierung

Diplomarbeit

für die

Prüfung zum Diplom-Wirtschaftsinformatiker (BA)

in der

Fachrichtung Wirtschaftsinformatik

der

Berufsakademie Stuttgart

Verfasser:

Mirko Vyskozil

Abgabedatum: 30.04.2001

Inhaltsverzeichnis

Abbildungsverzeichnis

Tabellenverzeichnis

Abkürzungsverzeichnis

AG	Aktiengesellschaft
BDSG	Bundesdatenschutzgesetz
CGI	Common Gateway Interface
CMS	Content Management System
DB2	Database
HTML	Hypertext Markup Language
HTTP	Hypertext Transport Protocol
IBM	International Business Machines
IIOP	Internet Inter-ORB Protocol
IP	Internet Protokoll
JDBC	Java Database Connectivity
JNDI	Java Naming and Directory Interface
JMS	Java Message Services
JSP	Java Server Pages
JTS	Java Transaction Services
ORB	Object Request Broker
PC	Personal Computer
PDA	Personal Digital Assistant
SQL	Structured Query Language
SQLJ	Structured Query Language for Java
SSL	Secure Socket Layer
TCP/IP	Transmission Control Protocol/Internet Protocol
TDDSG	Teledienstdatenschutzgesetz
TDSV	Telekommunikationsdiensteunternehmendatenschutzverordnung
TKG	Telekommunikationsgesetz
UDB	Universal Database
URL	Uniform Resource Locator
WAS	Websphere Application Server
WWW	World Wide Web
XML	Extensible Markup Language

1 Einleitung

Diese Diplomarbeit beschäftigt sich mit dem Thema „Personalisierung eines Content-Management-Systems und Abbildung dessen Datenstruktur in einer relationalen Datenbank sowie Implementierung einer Benutzerregistrierung".

Um eine erfolgreiche Internetpräsenz zu erreichen, ist es wichtiger denn je, die Wünsche der Besucher einer Webseite, welche zu Kunden werden sollen, schnellstmöglich zu befriedigen. Wie dieses Ziel unter Verwendung eines Content Management Systems erreicht werden kann, wird in den folgenden Kapiteln erläutert.

In diesem Zusammenhang werden im zweiten Kapitel die Grundlagen der Personalisierung dargelegt. Neben rechtlichen Aspekten werden die Vorteile erläutert, welche sich aus der Personalisierung ergeben. Weiterhin werden die Verfahren vorgestellt, mit denen Daten über den Benutzer gesammelt und verwertet werden können.

Das dritte Kapitel befasst sich mit den Grundlagen des bisherigen und des zukünftigen Systems.

Das vierte Kapitel beinhaltet Überlegungen zur Planung der Personalisierung des Content Management Systems anhand der bestehenden Beispielanwendung.

Die zukünftige relationale Tabellenstruktur des Content-Management-Systems wird im fünften Kapitel dargestellt.

Im sechsten Kapitel wird die Implementierung der Benutzerregistrierung und der Benutzeranmeldung beschrieben.

2 Personalisierung

Personalisierung bedeutet das Anpassen einer Anwendung an eine bestimmte Person. Sie ist im eigentlichen Sinn keine Errungenschaft des Internets. Bereits vor dem Internetzeitalter wurde der Kunde in einem „Tante-Emma-Laden" oder in der Bank persönlich angesprochen.

Nach dem Untergang dieser „Tante-Emma-Läden" ging das Marketing mehr und mehr zu einem Massenmarketing über. Das Augenmerk vieler Unternehmen richtete sich nicht auf den Kunden mit seinen individuellen Wünschen, sondern vielmehr auf den Markt als Ganzes. Dieser wurde bestenfalls in mehrere kleine, vermeintlich homogene Marktsegmente unterteilt. Im Vordergrund stand der Markt, während der Kunde lediglich als statische Größe in Erscheinung tritt. Aus diesem Fokus entstand die Massenfertigung, welche sich lange Zeit als erfolgreich erwiesen hat.[1]

Erst mit dem Aufkommen des one-to-one Marketing, entscheidend mitgeprägt durch Don Peppers und Dr. Martha Rogers in Ihrem Buch „The One to One Future: Building Relationships One Customer at a Time", änderte sich diese Einstellung. Der Fokus der Unternehmen war nicht mehr auf den scheinbar homogenen Markt, sondern auf den einzelnen Kunden gerichtet. Die neue Herausforderung hieß Individualisierung. Für jeden Kunden sollte ein maßgeschneidertes Produkt angeboten werden, welches die Bedürfnisse individuell befriedigt.[2] Kunden, denen ein speziell für ihre Wünsche passendes Produkt geboten wird, schauen nicht in erster Linie auf den Preis.

Mit der Verbreitung des Internets wurde diese Entwicklung nochmals deutlich beschleunigt. Durch dieses ist es möglich, jedem einzelnen Kunden ein einzigartiges Produkt, eine individuelle Webseite, anzubieten.[3]

Heute ist die Personalisierung ein bedeutender Bestandteil der Internetwelt. Benutzer können gezielt mit Informationen versorgt, und gleichzeitig vor einem „Information Overload" geschützt werden. Mehr denn je ist die Qualität der Daten wichtiger als die Quantität.[4]

Wenn im Folgenden von Personalisierung gesprochen wird, ist das Anpassen einer Internetseite an die Bedürfnisse des Kunden gemeint.

---

[1] vgl. [Hildebrand] S. 1
[2] vgl. [Hildebrand] S. 5
[3] vgl. [PersSoap]
[4] vgl. [Webfair]

2.1 Sinn und Zweck der Personalisierung

In einem Werbeprospekt von IBM zur Personalisierung steht: „Bei einer personalisierten e-business Site besteht eine höhere Wahrscheinlichkeit, dass Besucher aufmerksam werden, ihr Interesse aufrechterhalten und dadurch letztlich Umsatz erzielt wird."

Sowohl für die Anbieter einer personalisierten Webseite, als auch für den Benutzer dieser Seite entsteht ein gestiegener Nutzen. Unternehmen können durch die Personalisierung eine bessere Beziehung zu ihren Kunden aufbauen, indem sie jeden Kunden persönlich ansprechen und ihnen individuelle Informationen bieten. Durch das Befriedigen einzelner Bedürfnisse kann das Unternehmen auf eine schnellere Kaufentscheidung des Kunden hoffen.

Der Nutzer der Webanwendung profitiert in der heutigen Zeit der Informationsüberflutung dann von gefilterten Informationen, wenn seine wahren Interessen beachtet werden.

Zur Personalisierung eines Webangebotes wird eine bestimmte Personalisierungssoftware, wie zum Beispiel die in Kapitel 3.2 vorgestellte Websphere Personalization-Komponente, benötigt. Diese Software ermöglicht es, dass verschiede Surfer auf der gleichen Internetseite unterschiedliche Inhalte angezeigt bekommen.[5] Durch das Anpassen der Inhalte an den Benutzer verbessern die Unternehmen die bestehenden Beziehungen zum Kunden, und können außerdem auf eine Erhöhung der Umwandlung von Besuchern der Webseite zu Kunden des Unternehmens hoffen. Das Ziel eines Unternehmens ist nicht länger, „mehr Käufer für seine Produkte zu finden, sondern mehr Produkte für seine Käufer."[6] Einen gesteigerten Umsatz pro Kunden kann das Unternehmen durch *„cross-selling"* und durch *„up-selling"* erreichen. *„Cross-selling"* bedeutet einen höheren Umsatz mit verschiedenen Produkten, *„up-selling"* hingegen einen höheren Umsatz mit dem gleichen Produkt.[7]

Im Rahmen einer Umfrage im Frühjahr 1999 bestätigte die Marktforschungsfirma Fletcher Research, dass sich der Umsatz der Geschäfte über das Internet erhöht, wenn den Benutzern personalisierte Webangebote bereitgestellt werden. Danach haben 68 Prozent der Kunden, welche ihre Homepage bei einem Geldinstitut oder einem Webhändler selber konfigurieren konnten, bei diesem auch etwas gekauft. Bei Webseiten ohne Personalisierung liegt diese Rate bei nur 28 Prozent.[8]

Im Folgenden werden weitere Gründe, eine Webseite an den Kunden anzupassen, erläutert.

---

[5] vgl. [PersFAQ1]
[6] [Tietgens]
[7] vgl. [SAS]
[8] vgl. [Tietgens]

2.1.1 Erhöhen der Kundenbindung

Neben der Erhöhung des Umsatzes pro Kunde ist die Bindung des Kunden an das Unternehmen das zweite wichtige Ziel der Personalisierung. Dieses kann durch eine individuelle Betreuung des Kunden erreicht werden. Individuelle Betreuung bedeutet das persönliche Ansprechen des Kunden, wodurch eine gewisse Verbundenheit geschaffen wird. Zusätzlich können dem Kunden durch das Auswerten seines Nutzerprofils und seiner bisherigen Käufe Angebote für Produkte erstellt werden. Persönliche, auf diese Art generierte Produktempfehlungen, führen wesentlich öfter zum Kauf als das herkömmliche Bewerben von Produkten. Zudem nimmt der Kunde wahr, dass er ohne großes Suchen sofort das bekommt, was er benötigt.

2.1.2 Zielgerichtete Werbung

Durch das Auswerten des Nutzerprofils ist es möglich, Werbeblöcke so zu schalten, dass diese nur dem Nutzer, welcher sich für das beworbene Produkt interessiert, angezeigt wird. Zielgerichtete Werbung wird schon seit längerem von Suchmaschinen eingesetzt. So wird auf der Ergebnisseite abhängig vom Suchbegriff ein unterschiedlicher Werbeblock eingeblendet.

2.1.3 Schnellere Verteilung von Informationen im Intranet

Die Personalisierung von Webangeboten ist nicht nur im Internet, sondern auch im Intranet lohnenswert. Es ist so möglich, den Mitarbeitern Neuheiten, welche deren Berufsgruppe betrifft, anzuzeigen, oder wichtige Dokumente und Formulare viel schneller zugänglich zu machen. Das bisher zeitaufwendige Zusammensuchen von Informationen aus dem Intranet wird durch das Anpassen der Webseite an den Mitarbeiter wesentlich verkürzt.[9]
Auch bei IBM werden die Webseiten im Intranet seit geraumer Zeit an den Mitarbeiter angepasst. Neben den Vorgaben durch die Personalisierungssoftware hat der Benutzer die Möglichkeit die Webseite, wie in [W3IBM] zu sehen, nach eigenen Wünschen zu gestalten.

---

[9] vgl. [Tietgens]

2.1.4 Zielgerichtete Informationen

Neben den genannten Vorteilen für die Unternehmen, bietet die Personalisierung auch dem Benutzer deutliche Vorteile. Er bekommt nur die Informationen angezeigt, welche für ihn relevant sind, ohne dass es einen hohen Arbeitsaufwand seinerseits erfordert.

In der heutigen Zeit der Informationsüberflutung sind weniger, aber dafür relevantere Informationen wichtiger denn je.

2.2 Probleme und Risiken der Personalisierung

Oft wird eine Personalisierung daran scheitern, dass der Benutzer seine Daten nicht preisgeben will. Negative Schlagzeilen auf dieses Gebiet werfen zudem Firmen, welche die gesetzlichen Bedingungen (siehe Kapitel 2.3) unzureichend beachten.[10] Des weiteren bereiten die unterschiedlichen Datenschutzbestimmungen der Länder Probleme beim grenzenlosen Verkehr im Internet. Möchte der Benutzer völlige Sicherheit, ist er bei jeder Webseite gezwungen, nachzusehen, in welchem Land das Unternehmen seinen Geschäftssitz hat und welches Datenschutzrecht in diesem Land gilt.

Ein weiteres Problem der Personalisierung liegt in den wechselnden Bedürfnissen der Kunden. Oft haben die Kunden abhängig von der Tageszeit, Umwelteinflüssen oder den gesellschaftlichen Rollen unterschiedliche Bedürfnisse.

Nicht zu unterschätzen sind die Kosten, die nötig sind, um die Webseite an die verschiedenen Bedürfnisse anzupassen. Neben der Anschaffung der Personalisierungssoftware ist ein großer Zeitbedarf notwendig, um bestehende Daten für die Personalisierung aufzubereiten. Ebenfalls sollte die Hardware verbessert werden, da die Informationsverarbeitung und – gewinnung nicht so lange andauern darf, dass die Kunden aufgrund der geringen Geschwindigkeit des Seitenaufbaus die Webseite nicht mehr besuchen.

---

[10] vgl. [Schüler] S. 200ff

2.3 Rechtliche Aspekte der Personalisierung

Technisch gibt es für das Sammeln von Daten für die Personalisierung kaum Grenzen. Jedoch hat der Gesetzgeber für gewisse Regeln gesorgt, die den Schutz der Daten betreffen. Dieser Datenschutz birgt für die Firmen Vor- und Nachteile in sich. Neben den höheren Kosten, welche durch das Beachten der gesetzlichen Bestimmungen entstehen, fällt es einigen Nutzern, durch das Vertrauen auf gesetzliche Regelungen und auf das Einhalten dieser durch die Unternehmen, weniger schwer, persönliche Daten preis zu geben.

2.3.1 Datenschutz in Deutschland

In Deutschland gibt es kein einheitliches Internet-Datenschutzrecht. Dieses ist vielmehr aus einer Reihe einzelner Gesetze zusammengesetzt. Selbst in den einzelnen Bundesländern wird das Datenschutzrecht unterschiedlich geregelt.[11]

Das wichtigste Gesetz zum Schutz persönlicher Daten ist das Bundesdatenschutzgesetz (BDSG). Dieses Gesetz soll gewährleisten, dass jede natürliche Person selbst entscheiden kann, in welchem Umfang von öffentlichen und nichtöffentlichen Stellen über seine persönlichen Daten verfügt wird. Personenbezogene Daten können nur gesammelt werden, wenn die betroffene Person ausdrücklich um Erlaubnis gefragt wurde, oder wenn es das BDSG oder eine andere Rechtsvorschrift erlaubt.[12] Nicht geschützt sind dagegen juristische Personen (Aktiengesellschaften) oder persönliche Daten welche sich nicht auf eine konkrete Person beziehen lassen (Daten aus Umfragen).

Im Rahmen von Internet-Datenschutz wird das BDSG durch eine Reihe von Spezialgesetzen konkretisiert. So wird die technische Übermittlung der Daten im Telekommunikationsgesetz (TKG) und in der Telekommunikationsdiensteunternehmendatenschutzverordnung (TDSV) geregelt.

Hingegen werden Dienstleistungen per Internet vom Teledienstdatenschutzgesetz (TDDSG), überwacht.

In der Praxis ist eine deutliche Abgrenzung jedoch kaum möglich, so dass die Unternehmen alle betroffenen Gesetze kennen und beachten müssen.

---

[11] vgl. [Hengl]
[12] vgl. [BDSG] Artikel 4 Absatz 1

2.3.2 Datenschutz in der EU

Der Handel im Internet vollzieht sich ohne Rücksicht auf nationale Grenzen. Daher hat die Europäische Union einen erheblich Einfluss auf die Gesetzgebung zum Datenschutz ihrer Mitgliedsstaaten. Da ein geschlossener europäischer Wirtschaftsraum angestrebt wird, muss auch das Recht der angeschlossenen Länder harmonisiert werden.

Zur Vereinheitlichung des Datenschutzrechtes hat die Europäische Kommission 1997 die „EG-Telekommunikations-Datenschutzrichtlinie"[13] verabschiedet. Nach den Bestimmungen dieser Richtlinie müssen die EU-Mitgliedsstaaten den Schutz der Grundrechte und Grundfreiheiten sowie den Schutz der Privatsphäre natürlicher Personen bei der Verarbeitung personenbezogener Daten gewährleisten. Zudem sieht sie eine unabhängige Kontrollbehörde in Form eines staatlichen oder auch betrieblichen Datenschutzbeauftragten vor. Die Verarbeitung personenbezogener Daten, aus denen Daten über Gesundheit und Sexualleben, ethnische oder rassische Herkunft sowie religiöse oder philosophische Überzeugungen, politische Meinungen oder die Gewerkschaftszugehörigkeit hervorgehen, wird untersagt.[14]

Diese Richtlinie hat auf geltendes nationales Recht keine direkte Auswirkung, sollte jedoch in die nationalen Gesetze eingebracht werden. Das ist in Deutschland innerhalb der Umsetzungsfrist bis zum 24.10.1998 nicht erfolgt, soll aber noch im Herbst dieses Jahres geschehen.[15]

2.3.3 Datenschutz in den USA

Anders als in Europa sind in den USA kaum Gesetze zum Schutz der Privatsphäre vorhanden. Außerdem gibt es, ähnlich wie in Deutschland, in den einzelnen Bundesländern unterschiedliche Gesetze. Die USA bauen vielmehr auf die Selbstregelungskräfte des Marktes. Man geht davon aus, dass nur die Unternehmen überleben werden, welche ausreichende Verpflichtungen zum Schutz der Daten eingehen.[16] Datenschutz wird in der Regel durch ein gegenseitiges Einverständnis vereinbart. Entweder der Kunde fordert den Schutz seiner persönlichen Daten, oder das Unternehmen bietet dieses an.[17]

---

[13] vgl. [EGDatenschutz]
[14] vgl. [EGDatenschutz] Artikel 8, Absatz 1
[15] vgl. [Hengl]
[16] vgl. [Cyberlaw]
[17] vgl. [Volokh] S. 85

2.4 Planung der Personalisierung

Bevor Daten über den Benutzer erfasst werden, sollte ein Unternehmen die Ziele festlegen, welche mit der Personalisierung verfolgt werden. Möglich sind beispielsweise das Erhöhen des Umsatzes pro Kunde oder eine Erhöhung der Verweildauer der Besucher auf dem Webangebot.

Nachdem die Ziele definiert sind, werden im nächsten Schritt die Personalisierungsobjekte, unter anderem der Navigator, die Inhalte oder die Darstellung, festgelegt. Danach wird die Software-Architektur zur zukünftigen Informationsgewinnung und –verarbeitung definiert. Ist dies erfolgt, werden die zu erwartenden Nutzer in verschiedene Gruppen unterteilt. Es gilt zu Untersuchen, welche Daten für das Nutzerprofil explizit und welche Daten implizit gewonnen werden können. Sodann folgt der Abgleich zwischen dem Informationsangebot des Anbieters und dem Nutzerprofil, das sogenannte Matching.

Diese Maßnahmen sind zu verwirklichen, bevor die Webseite im Internet verfügbar gemacht wird. Anschließend wird analysiert, inwieweit die Ziele erreicht wurden, und wie verwendeten Techniken verbessert werden können.[18]

2.5 Datenbestand analysieren und Kundengruppen bilden

Nach der Analysierung der bestehenden Daten werden diese einzelnen Gruppen zugeordnet. Dafür wird zuerst ermittelt, welche sogenannten Kundengruppen zu erwarten sind. Dann können die Daten dementsprechend zugeordnet werden.

Um auch in Zukunft einer Umgruppierung und weitergehenden Differenzierung auf Grund zusätzlich erhobener Daten zu ermöglichen, müssen die Nutzerprofile und die entsprechenden Individualisierungsregeln dynamisch und entwicklungsoffen angelegt sein.[19]

Weiterhin ist eine ständige Pflege des Datenbestandes notwendig. In gewissen Abständen sollten die Nutzerprofile dahingehend überprüft werden, ob die Angaben noch aktuell oder überhaupt richtig sind. Ist der Name eines Benutzers Donald Duck, kann davon ausgegangen werden, dass dieser nicht seinen wahren Namen angegeben hat.

Bei Bedarf müssen neue Daten bestehenden Gruppen zugeordnet oder bestehende Daten in neue Gruppen eingeteilt werden.

---

[18] vgl. [RedbookPersonalization] S. 51ff
[19] vgl. [Tietgens]

2.6 Wiedererkennen des Benutzers

Um eine Internetseite personalisiert darzustellen, muss der Benutzer identifiziert werden. Dies bereitet große Probleme.

Es gibt grundsätzlich zwei verschiedene Wege, den Benutzer zu identifizieren. Zum einen kann man feststellen, welcher Rechner auf die Webseite zugreift. Dies ist durch sogenannte „*Cookies*" (siehe Kapitel 2.6.2) oder durch Feststellen der *IP-Adresse* (siehe Kapitel 2.6.3) möglich. Zum anderen kann die Identifizierung anhand von Benutzername und Passwort erfolgen (siehe Kapitel 2.6.1).

Laut einer Studie von „*Jupiter*", über die verwendete Technik der Benutzeridentifikation (siehe Abbildung 2-1), sind *Cookies* am weitesten verbreitet, gefolgt von der Identifikation anhand Namen und Passwort, gefolgt von der Feststellung der *IP-Adresse*.

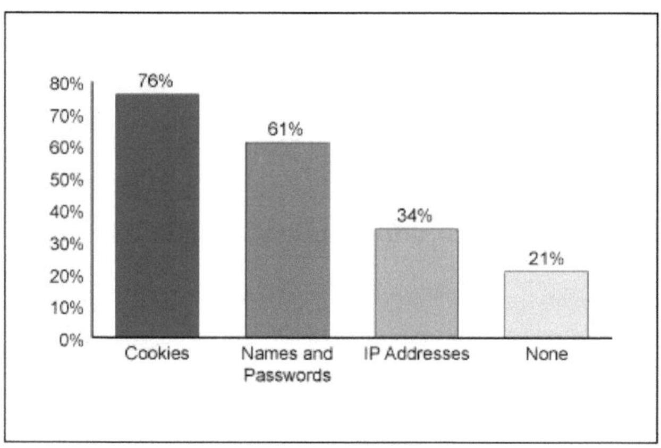

Abbildung 2-1 Techniken zur Benutzeridentifikation[20]

2.6.1 Erkennen des Benutzers über Benutzername und Passwort

Die einzige Methode, welche nach dem heutigen Stand der Technik mit Sicherheit den Benutzer erkennt, verwendet Benutzername oder Kundennummer und Passwort.[21] Diese Daten werden bei der Registrierung des Kunden vergeben.

Da Benutzer in der Regel höchst ungern ihre persönlichen Daten preisgeben, müssen durch den Anbieter Anreize geschaffen werden. Ein solcher Anreiz kann zum einen durch

---

[20] [JupiterSurvey]
[21] vgl. [Tietgens]

„*Mehrwertdienste*" in Form von exklusiven Informationen oder durch spezielle Angebote für registrierte Kunden erfolgen. Zum anderen können Daten über den Benutzer leichter im Rahmen eines Gewinnspieles gesammelt werden.

Neben diesen Anreizen muss aber auch deutlich gemacht werden, wie es um die Sicherheit und den Schutz der persönlichen Daten steht. Es sollte sofort ersichtlich sein, dass das Unternehmen nicht an der Weitergabe der Informationen interessiert ist.

Weniger problematisch ist die Datenerfassung bei Geschäftskunden. In der Regel bestehen schon Kontakte und somit auch ein gegenseitiges Vertrauen. Auch in diesem Fall sollte nach der Registrierung ein Vorteil für den Partner entstehen.[22]

2.6.2 Erkennen des Benutzers durch Cookies

Die nach der Studie mit 76% am weitesten verbreitete Methode zur Benutzeridentifikation ist die Benutzung von *Cookies*. In diesen Dateien werden meist der Zeitpunkt des Webseitenbesuches und die angeklickten Verweise gespeichert. Damit ist es möglich, die Wege des Benutzers zu verfolgen und aus den Daten die Webseite anzupassen.[23]

Diese Methode ist für den Benutzer wesentlich bequemer, da er sich keinen Benutzernamen und kein Passwort merken muss.

Allerdings kann man sich als Unternehmen nicht nur auf Cookies verlassen. So können Cookies falsche Ergebnisse liefern, da unter Umständen mehrere Personen den gleichen Computer benutzen. Des weiteren haben viele Anwender aufgrund von Sicherheitsbedenken die Möglichkeit der Speicherung von Cookies deaktiviert.

Ferner haben sie nur eine bestimmte Lebenszeit, danach werden sie gelöscht.

Cookies dürfen in Europa nur eingesetzt werden, nachdem der Benutzer ausdrücklich um Erlaubnis gefragt wurde. Mehr dazu in Kapitel 2.3.

---

[22] vgl. [Tietgens]
[23] vgl. [Handelshaus]

2.6.3 Erkennen des Benutzers durch Feststellen der IP-Adresse

Die am geringsten benutzte Methode zur Identifikation des Besuchers ist das Feststellen seiner IP (Internet-Protokoll)-Adresse. Die IP-Adresse wird dem Rechner von einem Administrator zugeordnet und darf nur einmalig im Internet vergeben sein.

Diese Art der Benutzeridentifikation ist jedoch sehr unsicher geworden. Ein Problem ist, dass Benutzer, die sich über einen Internet Service Provider einwählen, bei jeder Einwahl eine IP-Adresse aus einem festen Pool von IP-Adressen zugewiesen bekommen. Diese ist bei jeder Einwahl unterschiedlich.

Ein weiteres Problem ist, dass Firmen immer mehr dazu übergehen, ihren Mitarbeiten interne IP-Adressen zu geben. Diese gelten nur für das eigene Intranet. Wollen diese Mitarbeiter das Internet nutzen, müssen sie einen Proxy benutzen. Webserver bekommen dabei nur die IP-Adresse des Proxies geliefert. Auf diese Weise wird für alle Mitarbeiter dieser Firma ein einziges Nutzerprofil erstellt und die Webseite nicht an eine Person, sondern an alle Mitarbeiter angepasst. So bekommen dann alle den gleichen Inhalt angezeigt.

2.7 Benutzerdaten ermitteln

Neben der Erkennung des Benutzers ist die Ermittlung der für die Personalisierung einer Webseite relevanten Daten notwendig.

Um die Webseite an den Benutzer anzupassen, wird ermittelt, von wo und mit welchem System der Benutzer auf die Webseite zugreift. Weiterhin wird ein Nutzerprofil erstellt. Dieses kann anhand von Angaben durch den Benutzer (explizite Erfassung) oder durch die Beobachtung des Verhaltens des Benutzers (implizite Erfassung) erfolgen.

2.7.1 Technische Daten ermitteln

Zur Personalisierung einer Webseite ist das Ermitteln der technischen Daten des Systems vom Benutzer wichtig. So kann man die Darstellung des Inhaltes vom Gerät (Handy, PDA, PC) abhängig machen, mit welchem auf die Webseite zugegriffen wird.

Ebenfalls denkbar ist, länderspezifische Einstellungen, wie die Anpassung der Sprache, vorzunehmen.[24]

---

[24] vgl. [AlcatelWP]

2.7.2 Explizite Datenerfassung

Die explizite Datenermittlung ist die einfachste Form der Gewinnung von Daten über den Benutzer. Während der Registrierung wird versucht, die Interessen des Teilnehmers zu bestimmen. Dies geschieht in der Regel in Form eines Fragebogens, welcher durch den Betreiber der Webseite vorgegeben ist (siehe beispielsweise Abbildung 8-1 im Anhang).

Aus den Angaben dieses Fragebogens wird der Benutzer einer bestimmten Gruppe zugeordnet. Dies entscheidet, welche Inhalte dem Benutzer angeboten werden. Weiterhin ist es möglich, dass der Benutzer seine Webseite selbst gestaltet, indem ihm eine Auswahl der Inhalte zur Verfügung gestellt wird. Neben dem Sammeln von persönlichen Daten für die zukünftige Darstellung der Webseite, können soziodemografische Daten wie Kontoverbindung oder Kreditkartennummer gespeichert werden. Das hat den Vorteil, dass zukünftige Bestellungen wesentlich schneller abgewickelt werden können. Ein Anwendungsbeispiel hierfür ist das One-Klick-Patent des Online-Versandhändlers Amazon.com[25]. Dieses bewirkt, dass ein Käufer mit nur einem Mausklick bestellen kann. Zur Zeit ist dieses Patent jedoch durch eine einstweilige Verfügung aberkannt.[26]

Das Speichern der soziodemografischen Daten hat allerdings nicht nur Vorteile. Es gibt viele Benutzer, welche nicht damit einverstanden sind, ihre Bankverbindung einer „Internetseite" preiszugeben.

Ein Vorteil der expliziten Datenerfassung ist, dass die Registrierung nur einmal durchlaufen wird. Gleichzeitig ergibt sich bei der alleinigen Verwendung dieser Form der Datenerfassung der Nachteil, dass der Benutzer unter Umständen während der Registrierung falsche Daten angibt, oder diese sich im Laufe der Zeit ändern. Diesen Nachteil kann man umgehen, indem man dem Benutzer die Möglichkeit gewährt, sein persönliches Profil auch nach der Registrierung noch zu ändern oder die Personalisierung nicht nur von explizit, sondern auch von implizit gewonnenen Daten (siehe Kapitel 2.7.3) abhängig macht.

---

[25] siehe: [Amazon]
[26] vgl. [ComputerZeitung 8/2001] S. 1

2.7.3 Implizite Datenerfassung

Einen anderen Weg der Datenerfassung geht die implizite Datenerfassung, auch Verhaltenserfassung genannt. Dabei geht man von einer unpersonalisierten Webseite aus und verfolgt die Aktionen und somit das Verhalten des Benutzers.

Es wird versucht ein Nutzerprofil des Besuchers zu erstellen, indem die Auswahl der Webseiten und die Verweilzeit untersucht wird. Nach der Zusammenstellung des Nutzerprofils, können die Webseiten personalisiert dargestellt werden.

Gewöhnlich wird das Surfverhalten verfolgt, indem Besucher- und Verhaltensinformationen in einem Cookie gespeichert werden, welches im Browser verwaltet und bei jedem Besuch aktualisiert wird. Zudem sind die bisher gekauften Produkte für zukünftige Empfehlungen von Interesse.

Der Vorteil dieser Methode ist, dass nur die tatsächlichen Interessen herausgefunden werden. Außerdem kann eine Veränderung der Interessen des Benutzers festgestellt, und das Profil dahingehend geändert werden.

Nachteile dieses Verfahrens liegen in der großen Menge der Daten und dem damit hohen Aufwand für die Speicherung und Verarbeitung.

Bei diesem Verfahren können auch falsche Daten gewonnen werden. Zum Beispiel kann eine lange Verweildauer dadurch zu Stande kommen, dass der Besucher der Webseite gerade nicht aktiv ist.

Ein Nachteil, welcher sich zwangsläufig aus diesem Vorgehen ergibt, ist, dass zu Beginn der Personalisierung erst eine gewisse Lernphase erforderlich ist, um die Webseite den Wünschen des Benutzers anzupassen.[27]

---

[27] vgl. [Sonntag]

2.8 Verfahren zur Benutzerdatenanalyse - Matching

Beim Matching werden die gewonnen Benutzerdaten über System, Verhalten und Vorlieber analysiert. Erst danach können dem Benutzer bestimmte Dokumente oder Aktionen präsentiert werden (siehe Abbildung 2-2). Dieser Schritt ist einer der anspruchsvollsten im Rahmen der Personalisierung.

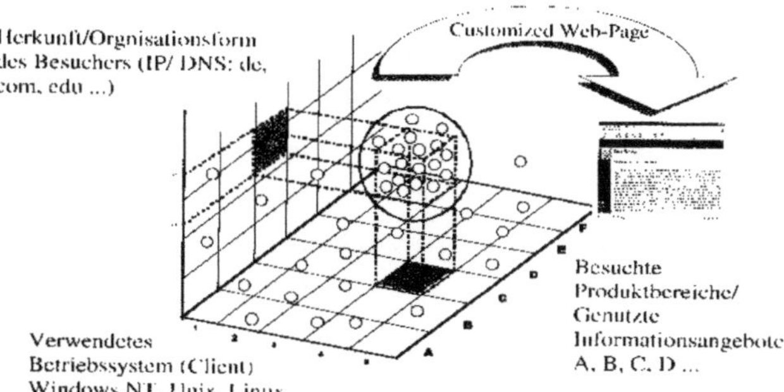

Abbildung 2-2 Benutzerdatenanalyse zur Anpassung der Webseite[28]

Im Folgenden werden vier Verfahren um Benutzerdaten zu analysieren vorgestellt. Diese Verfahren können in regelbasierte Verfahren und Filterverfahren unterschieden werden. Filterverfahren lassen sich nochmals in inhaltsbasierte, kollaborative und hybride Filterverfahren unterscheiden. Während inhaltsbasierte Filterverfahren die Vorlieben des Nutzers bestimmen, versuchen kollaborative Verfahren Benutzer herauszufiltern, welche ähnliche Interessen haben.[29] Hybride Filterverfahren nutzen inhaltsbasierte und kollaborative Filterverfahren.

---

[28] [GroGen] S. 230
[29] vgl. [Balabanovic] S.66

2.8.1 Regelbasierte Verfahren

Mit dem regelbasierten Verfahren werden, aus den gewonnenen Daten über den Benutzer, Schlüsse auf die Gestaltung der Webseite gezogen. Es wird das Nutzerprofil genutzt, um zu entscheiden, welche Inhalte dem Benutzer angeboten werden.

Dabei werden Daten mit Regeln in der Form „*Wenn-Dann*" ausgewertet.[30] Dies kann folgendermaßen geschehen: „*Wenn* Nutzer weiblich und 20-29 Jahre alt und berufstätig, *dann* zeige ihm den Aprilia Roller." Die Kriterien, können zum einen harte soziodemographische wie Einkommen oder Alter, oder weichere wie persönlich definierte Präferenzen sein. Gut zu implementieren sind solche Regeln zum Beispiel bei Suchmaschinen. Eine Bannerwerbung auf der Such-Ergebnisseite kann leicht an die Suchworte angepasst werden.[31]

Bevor die Entscheidung für diese Art der Benutzerdatenanalyse fällt, sollte geprüft werden, ob es nicht zu kompliziert ist, Regeln zur Personalisierung der Webseite aufzustellen.

Zu Beachten ist, dass dieses Verfahren immer nur so gut ist wie die Regeln, welches das Verfahren nutzt. Daher sind nach der Entscheidung für ein solches System die bestehenden Daten über Kunden und Inhalte genau zu analysieren, um deren Unterscheidungsmerkmale zu erkennen. Darauf Aufbauend sind die Regeln zu definieren.

Der Nachteil ist, dass Trendänderungen nicht automatisch erkannt werden, da immer nur die vorhandenen Regeln durchlaufen werden. Daher ist ein Personaleinsatz notwendig, um die Regeln an geänderte Umstände anzupassen und die bestehenden Profile zu analysieren.

Um eine Webseite perfekt an einem Kunden ausrichten zu können, sind regelbasierte Verfahren nicht ausreichend. Es sollten zusätzlich noch kollaborative Verfahren genutzt werden.

---

[30] vgl. [MadBlank] S. 198
[31] eine Regel würde dann beispielsweise heißen: „Wenn der Benutzer nach Mercedes Benz sucht, dann zeige ihm Werbung aus dem Bereich Autos an".

2.8.2 Inhaltsbasierte Filterverfahren

Im Rahmen des inhaltsbasierten Filterns werden die Inhalte auf ihre konkreten Bestandteile hin untersucht und mit dem Nutzerprofil verglichen.

Inhaltsbasiertes Filtern eignet sich am besten für Objekte, welche auf einfache Weise per Computer analysiert werden können (wie zum Beispiel Texte) und bei denen die Entscheidung, ob es für den Besucher geeignet ist, nicht durch eine persönliche Meinung beeinflusst wird.[32] Der Inhalt wird mit dem Nutzerprofil abgestimmt und bei Übereinstimmung der Schlüsselwörter dem Besucher angeboten.

Aber nicht nur Texte können analysiert werden. Ein mögliche Anwendung für Webseiten ergibt sich beispielsweise bei der Empfehlung von Videokassetten (siehe Tabelle 1). Der Inhalt der Filme kann in 7 Kategorien unterteilt werden. Jede Kategorie bekommt eine Bewertung von null bis zehn, wobei null nicht erfüllt und zehn voll erfüllt bedeutet.

Kauft ein Kunde ein Video, wird aus dieser Tabelle das Video gesucht, welches die ähnlichsten Bewertungen bekommen hat. Dieses wird dem Kunden empfohlen.

Video	Action	Drama	Humor	Sex	Gewalt	Spannung	Offbeat
Silence of the Lambs	-	7	3	1	9	10	-
Seven	5	5	1	2	10	9	5
Cape Fear	5	7	4	5	9	9	3
Casablanca	2	10	5	0	1	8	
Waterboy	4	2	6	3	4	3	1
L.A. Confidential	8	9	6	6	9	9	6
West Side Story	3	5	4	0	1	3	1

Tabelle 1 Beispielbewertung von Filmen für inhaltsbasiertes Filtern[33]

Hat der Kunde beispielsweise „Seven" gekauft, so wird ihm auch „Silence of Lambs" gefallen, da beide Filme in ihrer Bewertung große Ähnlichkeiten aufweisen.

Der Nachteil bei der Einstufung der Filme ist, dass sie eine Vorarbeit erfordert, die nicht durch einen Computer erledigt werden kann. Zudem ist die Einstufung subjektiv.

---

[32] vgl. [IBMHighVT]
[33] [IBMHighVT]

2.8.3 Kollaborative Filterverfahren

Kollaboratives Filtern kann auch als „gemeinschaftliches Filtern" übersetzt werden. Die Vorschläge werden durch den Vergleich der Vorlieben mit denen anderer Nutzer gewonnen.[34] Es wird angenommen, dass Benutzer mit einem ähnlichen Geschmack sich für die gleichen Dinge interessieren.

Ein Beispiel für ein kollaboratives Verfahren zeigt Tabelle 2. Hier werden die Filme aus der Tabelle 1 von den Besuchern einer Webseite bewertet. Eine eins bedeutet schlecht, eine sieben bedeutet sehr gut.

Video / Besucher	A	B	C	D	E	F	G
Adam	7		6	2		2	
Bert	7			1		2	5
Johanna	4	2					2
Julius	6	2	7		7		
Maria	2	7		7			
Renate	1	7				6	
Susanne	2	6		7			6

Tabelle 2 Beispielbewertung von Filmen für kollaboratives Filtern[35]

Um gleiche Interessenprofile herauszufiltern, werden zwischen zwei Personen nur die Videos berücksichtigt, welche beide bewertet haben. Betrachtet man beispielsweise Adam und vergleicht seine Bewertungen mit denen von Julius, werden nur die Filme A und C berücksichtigt.

Ähnliche Interessen wie Adam haben Julius und Bert. Sie werden in diesem Zusammenhang als die „*nächsten Nachbarn*" bezeichnet. „*Nächste Nachbarn*" sind die Personen, welche die ähnlichsten Bewertungen für die Inhalte abgegeben haben.

Nachdem die „nächsten Nachbarn" gefunden sind, werden dem Benutzer die Videos, welche diese Personen sehr gut bewertet haben, empfohlen. Da Julius den Film E sehr gut bewertet hat, könnte dieser Film Adam angeboten werden.

Zu beachten ist allerdings, dass der Inhalt des Filmes E sehr stark von den Inhalten der Filme abweicht, welche Adam für gut befunden hat. Wird in diesem Fall das inhaltsbasier-

---

[34] vgl. [Balabanovic] S. 67
[35] [IBMHighVT]

te Filtern angewendet, wird Adam der Film B angeboten, da dieser die stärksten Übereinstimmungen mit A und C hat.[36]

Kollaborative Verfahren haben den Vorteil, dass sie auf alle Bereiche des Internets anwendbar sind. Es werden nicht subjektive Meinungen von Redakteuren einer Webseite benutzt, sondern konkrete Ergebnisse aus Benutzerbeobachtungen.

Ein Nachteil, der durch die alleinige Personalisierung mit Hilfe eines solchen Verfahrens entsteht, ist, dass neue Inhalte auf der Webseite, welche bisher nicht bewertet wurden, anderen Besuchern nicht empfohlen werden. Dieser Kreislauf muss durch ein äußeres Einwirken durchbrochen werden.

Dieses Verfahren führt zu falschen Ergebnissen, wenn die Anzahl der Besucher verhältnismäßig klein zur Größe der Datenbank ist. Dann wird nur ein sehr spärlicher Teil der gesamten Daten empfohlen. Ein weiteres Problem ergibt sich, wenn ein neuer Benutzer völlig verschiedene Interessen zu den bisherigen hat. Diesem können kaum passende Empfehlungen gegeben werden.[37] Falsche Ergebnisse werden weiterhin erzielt, wenn beispielsweise nur die Verweise verglichen werden, welche unterschiedliche Besucher nutzen. So kann eine Person die Fußballergebnisse bei www.kicker.de erfragen, eine andere Person bei www.yahoo.de. Beide sollten eigentlich einer Gruppe angehören, dies wird durch dieses Verfahren nicht entdeckt.[38]

2.8.4 Hybride Filterverfahren

Um die Nachteile der inhaltsbasierten und kollaborativen Filterverfahren auszugleichen, werden bei hybriden Filterverfahren beide gleichzeitig genutzt. Benutzer bekommen Inhalte dann angezeigt, wenn ihr Interessenprofil mit dem des Inhaltes übereinstimmt, oder eine Person mit ähnlichen Interessen sich für diesen Inhalt interessiert hat.

Man kann so das Problem umgehen, nur einen Benutzer in einer Gruppe zu haben. Dann wird einfach die kollaborative Filterung umgangen, und nur eine inhaltsbasierte Filterung angewendet wird. Kann man für den Benutzer dagegen mit Hilfe der inhaltsbasierten Filterung kein Ergebnis erzielen, wird nur die kollaborative Filterung verwendet.

---

[36] vgl. [IBMHighVT]
[37] vgl. [Balabanovic] S. 68
[38] vgl. [Balabanovic] S. 68

3 Grundlagen der Entwicklungsumgebung

Im Kapitel III werden die Grundlagen des bisherigen und des zukünftigen Systems erläutert.

3.1 Grundlagen Websphere Application Server

Der Websphere Application Server (WAS) ist ein Produkt von IBM um Internet-Applikationen zu betreuen und bereitzustellen. Die interne Architektur ist in Abbildung 3-1 dargestellt. Webapplikationen können statische Elemente als auch dynamische Elemente beinhalten. Die statischen Webseiten werden vom integrierten HTTP-Server bereitgestellt. Im WAS-Softwarepaket ist der IBM HTTP-Server enthalten. Es ist möglich diesen durch einen anderen HTTP-Server, zum Beispiel Apache HTTP-Server, zu ersetzen. Des weiteren wird der HTTP-Server genutzt, um CGI- oder Perl-Programme zu verarbeiten.

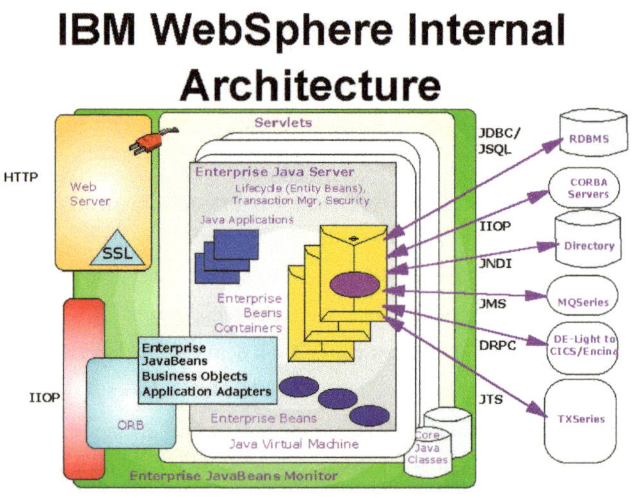

IBM WebSphere Internal Architecture

Abbildung 3-1 Architektur des Websphere Application Server

Die *Standard Edition* des WAS bietet zudem die Möglichkeit mittels „Servlets", „Java Server Pages" und „XML", dynamische Inhalte zu generieren. Für deren Erstellung wird der Application Server genutzt. Dieser verwaltet die Servlets und Java Server Pages und führt sie aus.

Mit der *Advanced Edition* ist weiterhin die Verarbeitung von Enterprise Java Beans möglich.[39] Enterprise Java Beans sind Java-Klassen, welche bestimmte Unternehmensprozesse abbilden. Diese vorgefertigten Klassen können zum WAS-Softwarepaket hinzugekauft werden. Für das Ausführen und Verwalten der Enterprise Java Beans ist der Enterprise Java Server zuständig.

Weiterhin beinhaltet der WAS Schnittstellen zu sämtlichen Datenbanksystemen und Legacy Systemen. Legacy Systeme sind bestehende Systeme wie Host-Anwendungen oder Datenbestände auf anderen Systemen.

Websphere-Anwendungen können zudem mit Hilfe von MQSeries auf andere Programme zugreifen.

3.2 Websphere Personalization-Komponente

Websphere stellt heute eine Familie von e-Business-Anwendungen dar. In dieser stellen der WAS und MQSeries das Fundament. Darauf aufbauend gibt es mittlerweile ein Reihe von Erweiterungen, die unter dem Namen Websphere verkauft werden. Die Websphere-Familie ist in Abbildung 3-2 dargestellt.

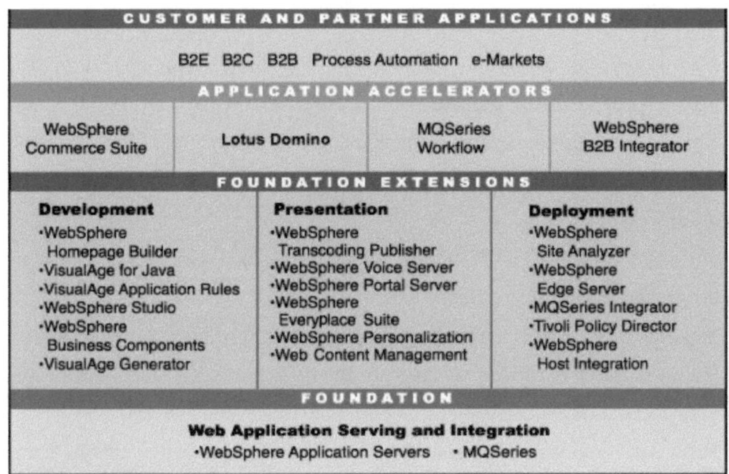

Abbildung 3-2 Websphere Familie[40]

---

[39] vgl. [WebAppServer]
[40] [VADD]

Die Websphere Personalization-Komponente, eine Erweiterung zum Websphere Application Server, ist seit dem 31.08.2000 erhältlich. Die Installation der Websphere Personalization-Komponente wird in [RedbookPersonalization] S. 13ff erklärt.

Sie beinhaltet die Möglichkeit, Daten regelbasiert zu analysieren. Die Regeln können mittels eines graphischen Tools generiert werden oder in der Form von „Wenn-Dann" Sätzen eingegeben werden. Während der Laufzeit werden die Regeln mit dem Inhalt verbunden und ergeben so die Daten welcher dem Benutzer angeboten wird.

Des weiteren sind kollaborative Filterverfahren (siehe Kapitel 2.8.3) zur Generierung von dynamischen Inhalten mit Hilfe des „LikeMinds Personalization Server" möglich. Dieser wurden von der Partnerfirma Macromedia hinzugekauft.

Um die Performance zu verbessern, ist es möglich, die unterschiedlichen Pakete auf verschiedenen Servern laufen zu lassen.

Die Websphere Personalization-Komponente wird von IBM zur Erstellung von personalisierten Webseiten für nicht kommerzielle Zwecke (zum Beispiel Intranet) empfohlen.[41]

3.2.1 Personalisierung durch regelbasierte Verfahren

Die im Lieferumfang der Websphere Personalization-Komponente inbegriffenen *Rules Engine* und *Resource Engine* werden verwendet, falls man sich dafür entscheidet, die Personalisierung auf Grund von Regeln durchzuführen.

Zunächst wird die Datenbank bestimmt, welche für die Personalisierung genutzt werden soll. Diese Aufgabe kann mit Hilfe der *Ressource Console* im Websphere Studio erfüllt werden. Weiterhin wird die *Resource Console* genutzt, um die Inhalts- und Benutzerdaten zu kategorisieren und in Gruppen einzuteilen, sowie diesen Gruppen bestimmte Eigenschaften zuzuordnen.

Um Änderungen später einfacher und effizienter zu gestalten, kann man Benutzer und Inhalte in einer hierarchischen Form einteilen.

Nachdem die zu verwendeten Daten definiert sind, ist die nächste Aufgabe die Regeln festzulegen. Mit Hilfe des *Rules Wizard* im Websphere Studio kann man Regeln, welche auf Benutzer- und Inhaltsdaten aufbauen, festlegen, beziehungsweise modifizieren.

Eine weitere Form der Personalisierung sind Filterverfahren. Diese können ebenfalls mit der Websphere Personalization-Komponente implementiert werden. Dazu im nächsten Kapitel mehr.

---

[41] vgl. [ToloraLab]

3.2.2 Personalisierung durch Filterverfahren

Der *LikeMinds Personalization Server*, welcher von Macromedia hinzugekauft wurde, ermöglicht das Personalisieren auf der Grundlage von kollaborativen Filtern. Diese Modul wird *Recommendation Engine* genannt.

Die Nutzerprofile werden generiert, indem der Weg durch die Webseite, die bisher gekauften Produkte und explizit erfasste Vorlieben analysiert werden.

Zum Entwickeln der Algorithmen kann die *personalization JAVA API* genutzt werden.

3.3 Websphere Commerce Suite

Neben der Websphere Personalization-Komponente bietet in der Websphere-Familie auch die Websphere Commerce Suite die Möglichkeit, Webseiten an Benutzer anzupassen.

Dabei wird ein Regelbasiertes Verfahren verwendet, welches von der Firma Blaze entwickelt wurde. Blaze wurde im August 2000 von Brokat übernommen. Brokat nennt das Paket, um mittels bestimmter Regeln die Anwendung an den Benutzer anpassen zu können, *Brokat Advisor*.[42]

Neben dem regelbasierten Verfahren ist in diesem Paket zusätzlich der bereits beschriebene *LikeMinds Personalization Server* enthalten.

Die Zielgruppe für die Websphere Commerce Suite sind externe Kunden, welche personalisierte Anwendungen erstellen wollen, ihre Daten in größeren Datenbanken halten und diese anhängig vom Benutzer darstellen wollen.

3.4 Grundlagen IBM DB2 UDB

IBM DB2 UDB ist ein relationales Datenbankmanagement-System. Es ist für sämtliche Plattformen erhältlich. Die Kommunikation zwischen den Systemen erfolgt über bestimmte Protokolle. Es ist ohne großen Aufwand möglich, Abfragen auf eine nicht auf dem lokalen Rechner liegende Datenbank auszuführen.

Relationale Datenbankmanagement Systeme basieren auf einem relationalen Datenmodell. Dabei werden die Daten in Tabellen abgelegt und ausgegeben. Die Suchbefehle werden mittels der Sprache SQL deklariert

---

[42] vgl. [Brokat]

3.5 Grundlagen Lotus Domino Server

Der Lotus Domino Server kann als Anwendungs- und Entwicklungsplattform genutzt werden.

Als Entwicklungsplattform ermöglicht es Workgroup-Computing. Dass heißt die Entwicklung von Anwendungen in verteilten Umgebungen und virtuellen Teams.

Lotus Domino ist Plattformunabhängig. Die Daten werden in einzelnen Dokumenten gespeichert.[43]

Bedeutend ist das anerkannte Sicherheitskonzept dieser Anwendung. So kann eine mehrschichtige Zugriffshierarchie definiert werden. Die erste Stufe ist der Zugriff auf den Server. Weiterhin kann der Datenbankzugriff beschränkt werden. In der Datenbank kann der Zugriff für unterschiedliche Designelemente reglementiert werden. Zuletzt kann außerdem der Zugriff auf einzelne Dokumente und Abschnitte in diesen Dokumenten geregelt werden.

Sämtliche Funktionen von Lotus Domino sind auch über das Web verfügbar.

Am bekanntesten ist Lotus Domino für seine E-Mail-Funktionalität. Die Mails können mit dem Lotus Notes Client an den Domino Server verschickt werden. Der Lotus Notes Client kann weiterhin zum Bearbeiten und Ausführen von Anwendungen, welche auf dem Lotus Domino Server hinterlegt sind, genutzt werden.

3.6 Grundlagen Java Servlets

Servlets sind für sich abgeschlossene Programme, die auf einem Web Application Server ausgeführt werden.

Sie sind prinzipiell nicht auf Webanwendungen begrenzt, konnten sich jedoch für andere Anwendungen nicht durchsetzen. Java Servlets sind als Alternative auf die Common Gateway Interface (CGI)-Programmierung entstanden. Sie sind „effizienter, leichter zu bedienen, mächtiger, portierbarer, sicherer und kostengünstiger als traditionelles CGI und viele alternative, CGI-ähnliche, Technologien."[44]

Servlets bilden die Anwendung zwischen einer von einem Webbrowser oder anderen HTTP-Client kommenden Anfrage und Datenbanken oder Anwendungen auf diesem Web Application Server (siehe Abbildung 3-3).[45]

---

[43] [FoWaUng] S. 107ff
[44] [Hall] S. 29
[45] [Hall] S. 28

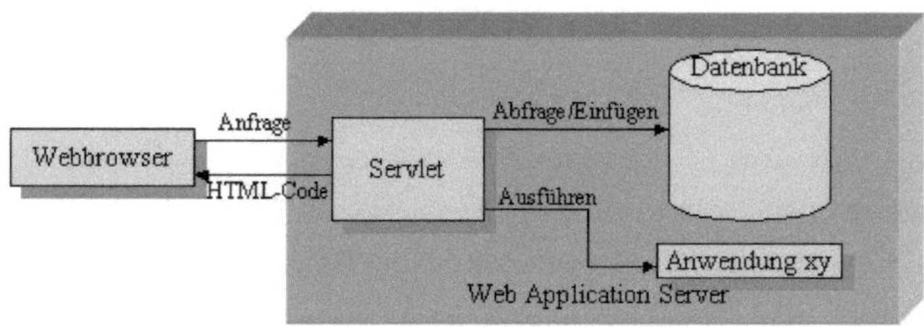

Abbildung 3-3 Servlet - Anwendung zwischen Webbrowser und Datenbank oder Anwendung

Ein Servlet wird dann genutzt, wenn die Antwortseite auf die Anfrage eines Clients dynamisch zusammengestellt werden muss oder abhängig von bestimmten Parametern eine unterschiedliche Webseite aufgerufen wird. Dies ist beispielsweise dann der Fall, wenn der Client eine Anfrage an eine Suchmaschine stellt oder Daten, welche sich oft ändern, abfragt (Wetterbericht, Zeitungsschlagzeile).

Stellt ein HTTP-Client eine Anfrage an das Servlet, nimmt dieses alle vom Benutzer gesendeten Daten auf. Aus der Verarbeitung der Daten wird die Antwort an den HTTP-Client generiert. Im Servlet ist das Gerüst einer HTML-Seite hinterlegt, welches an bestimmten Stellen durch dynamische Inhalte ergänzt wird. Diese Inhalte können aus einer Datenbankabfrage, die Parameter aus der Anfrage des Webbrowsers nutzt, erstellt werden.

Nach Zusammenstellung der gesamten HTML-Seite erfolgt die Rücksendung an den Client.[46]

Hat der Programmierer den Code für das Servlet erzeugt, wird dieser kompiliert und muss im Web Application Server registriert werden. Das Servlet kann über seine URL, aufgerufen werden.

Beim ersten Aufruf oder beim Start des Servers wird automatisch die init()-Methode ausgeführt, in der grundlegende Initialisierungen durchgeführt werden. Danach wird das Servlet die gesamte Zeit im Hauptspeicher gehalten.

Bei jedem Aufruf des Servlets durch einen Client wird ein neuer Thread angelegt. Dieser wird beendet, nachdem der Client die Antwort des Servlets erhalten hat.

Der Aufruf der destroy()-Methode bildet das Ende des Lebenszyklus eines Servlet. Diese Methode wird nicht automatisch aufgerufen, so bleibt nach dem Ende eines Thread das Servlet bestehen.[47]

Der IBM Websphere Application Server unterstützt die Verarbeitung von Java Servlets.

---

[46] vgl. [Hall] S. 28
[47] [RoßSchrei] S.36

3.7 Grundlagen Java Server Pages (JSP)

Ebenso wie Java Servlets wurde die Technik der Java Server Pages entwickelt, um auf den Benutzer angepasste Webseiten bereitzustellen. Während bei Java Servlets der HTML-Code in den Programmcode eingebettet ist, geht die Technologie der Java Server Pages den umgekehrten Weg. Hier wird der Programmcode einem HTML-Dokument zugefügt. Die Programmierlogik wird weitgehend in Java Beans definiert und durch HTML-ähnliche Tags aufgerufen. Zusätzlich hat der Programmierer die Möglichkeit *„Scriptlets"* einzubinden. *Scriptlets* bestehen aus Java-Code, der zwischen dem Tag <% Java Code %> definiert wird.

Eine Beispiel JSP-Seite könnte folgendermaßen aussehen:

```
<html>
<body>
hier folgt die Einbindung eines JavaBean:
<jsp:useBean id="MyBean" class="MyBean" scope="session"/>
<jsp:getProperty name="MyBean" property="MyFunction"/>

hier folgt ein kleines Scriptlet:
<!-- zunächst die Definition -->
<%@ page language ="java" %>
<%@ page import ="java.util.*" %>
<%@ page contentType ="TEXT/HTML" %>
<!-- hier der Inhalt -->
<% if (Calendar.getInstance().get(Calendar.AM_PM) == Calendar.AM)
{%> Guten Morgen! <%}
else {%> Guten Abend! <%}
%>
</body>
</html>
```

Diese Beispiel JSP begrüßt den Benutzer abhängig von der Tageszeit mit „Guten Morgen" oder „Guten Abend". Zudem wird der Rückgabewert der Funktion MyFunction auf dem Bildschirm ausgegeben.

Laut den Spezifikationen für JSPs können verschiedene Programmiersprachen für die Seiten benutzt werden. Die Version 1.1 enthält jedoch nur für die Sprache Java genaue Vorgaben.

Der Programmierer hat weiterhin die Möglichkeit, vordefinierte Variablen zu nutzen, welche vom Webserver erzeugt werden. Sie ermöglichen den Zugang zu wichtigen Ressourcen des Servers. Die vordefinierten Variablen werden als implizite Objekte bezeichnet. Weitergehende Informationen dazu finden Sie beispielsweise in: [Turau] S. 58ff.

Java Server Pages müssen wie Servlets von einem Web Application Server verarbeitet werden. Dieser muss in der Lage sein, die JSP- Anweisungen von HTML Elementen zu unterscheiden.

Eine Besonderheit von JSP-Seiten, ist deren Lebenszyklus, welcher in Abbildung 8-2 im Anhang dargestellt wird. Beim ersten Aufruf der JSP durch einen HTTP-Client erzeugt der Web Application Server den Quellcode eines Java-Servlet und übersetzt diesen anschließend. Danach wird bei diesem und bei jedem weiteren Aufruf das erzeugte Servlet ausgeführt und dessen Ausgabe an den Webbrowser zurückgeliefert.[48]

Der Vorteil der Java Server Pages ist die Trennung von Programmierlogik und Oberflächengestaltung. Dadurch kann das Design der Webseite einfacher verändert werden.[49]

Der Websphere Application Server ermöglicht die Verarbeitung von Java Server Pages.

3.8 Grundlagen Content-Management-Systeme

Content-Management-Systeme (CMS) werden eingesetzt, um die Pflege der Inhalte einer Webseite zu vereinfachen. Durch solche Systeme ist es möglich, dass Redakteure ohne HTML-Erfahrung die Inhalte der Webseiten verändern können. Ein weiterer Grund für die Implementierung eines solchen Systems ist das Kostensenkungspotential, welches sich aus der Zeit- und Personaleinsparung ergibt.

Das wesentliche Prinzip eines Content-Management-Systems ist die Trennung von Struktur, Inhalt und Design[50] (siehe Abbildung 3-4).

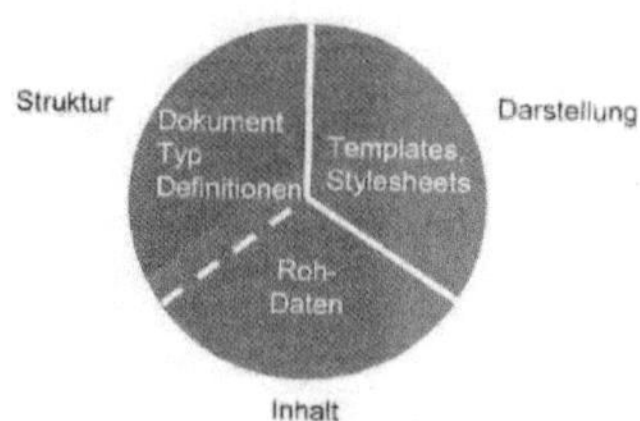

Abbildung 3-4 Dreiteilung der Daten eines Content Management Systems[51]

---

[48] vgl. [Turau] S. 40
[49] vgl. [Turau] Vorwort
[50] vgl. [SchuWilh] S. 373
[51] vgl. [SchuWilh] S. 374

Die Struktur beinhaltet die inhaltliche Definition der Einzelelemente sowie deren Abfolge beziehungsweise Verschachtelung.

Die Darstellung beschäftigt sich mit einer formalen Beschreibung der Repräsentation auf einem möglichen Ausgabemedium. In ihr werden die Informationen zur Formatierung und Positionierung definiert.

Die dritte Säule eines CMS bildet der Inhalt. Dieser wird entsprechend den Strukturdefinitionen in Datenelementen abgebildet. Es ist wichtig, dass bei der Datenhaltung die Zuordnung des Inhaltes zu einem Datenelement erhalten bleibt.

Die Trennung von Darstellung und Inhalt ermöglicht, dass für unterschiedliche Zwecke der gleiche Inhalt ohne zusätzliche Arbeit durch einen Programmierer verschieden dargestellt werden kann. Diese Technik wird auch „*single source multiple media*" bezeichnet, was sowie heißt wie, einmal erstellen und mehrfach auf unterschiedlichen Medien publizieren.[52] Die Darstellungsinformationen werden in Schablonen (Templates) gespeichert. Durch diese lässt sich deutlich einfacher ein gemeinsames *Corporate Design* implementieren und verwalten.

Die bereits angesprochene Trennung von inhaltlichen und formalen Daten bietet einen weiteren wichtigen Vorteil. Durch sie ist es möglich, die Informationen benutzer- und bedarfsgerecht aufzubereiten. Durch die Einbeziehung einer Benutzerdatenbank können abhängig vom Besucher unterschiedliche Inhalte mit dem gleichen Design personalisiert dargestellt werden.

3.9 Die Gartenbauanwendung

Während der Diplomarbeit wird die Beispielanwendung „Gartenbau AG", deren Aufbau in Abbildung 8-4 im Anhang dargestellt wird, verwendet. Diese wird von der Abteilung, für welche die Diplomarbeit erstellt wurde, genutzt, um die Vorteile eines Content-Management-Systems (siehe Kapitel 3.8) darzustellen. Die Anwendung beschreibt die Internetpräsenz einer Firma, welche Produkte und Nachrichten für garteninteressierte Personen anbietet und sich selbst den Aktionären vorstellt. Der Inhalt wird mit einem Content-Management-System gepflegt und in einer Lotus Notes Datenbank abgelegt.

---

[52] vgl. [SchuWilh] S. 373

Für jede Webseite wird ein eigenes *Inhaltsdokument* angelegt. Das Design wird mit Hilfe von sogenannten *Layoutdokumenten*, gleichzusetzen mit Templates, definiert und ebenfalls in dieser Datenbank gespeichert. Bei jeder *Inhaltsdokument* ist hinterlegt, welches *Layoutdokument* genutzt werden soll. Es wird ein Web- und eine Noteslayout definiert. Das Weblayout wird beim Zugriff eines Webbrowsers genutzt, das Noteslayout, wenn der Zugriff aus dem Lotus Notes erfolgt.

Die *Struktur* der Daten wird in den *Inhaltsdokumenten* durch die Angabe einer Kategorie, in welche das Dokument innerhalb der gesamten Anwendung eingeordnet wird, bestimmt.

Das Content-Management-System umfasst in dieser Anwendung einen Lotus Domino Server mit einer Lotus Notes Datenbank zur Speicherung des Inhaltes und des Designs und einen Lotus Notes Client zur Redaktion des Inhaltes.

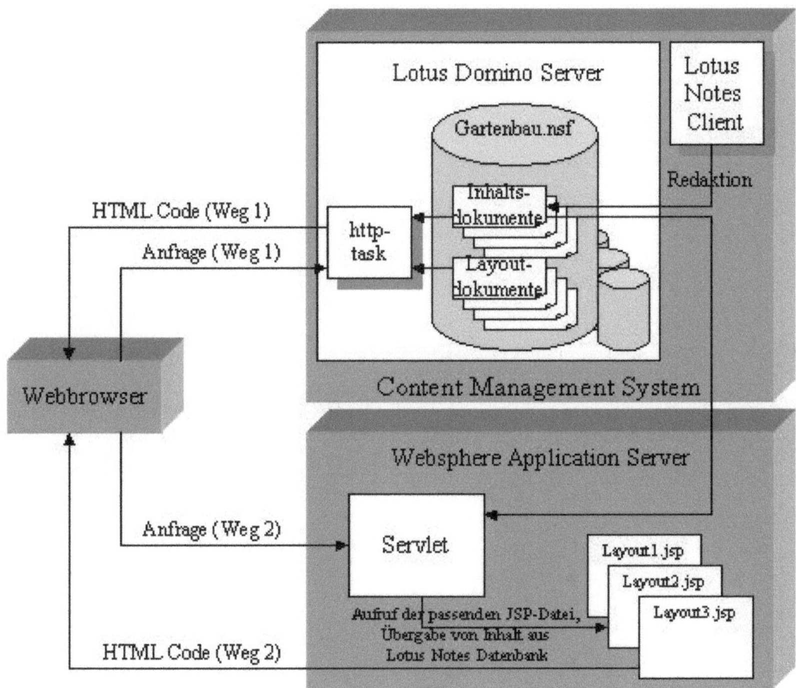

Abbildung 3-5 Generierung von HTML-Code beim bisherigen Szenario

Die Anfrage des Webbrowser kann direkt an den Lotus Domino Server, oder an den Websphere Application Server gestellt werden. Beide Möglichkeiten sind in Abbildung 3-5 dargestellt.

Geht die Anfrage für eine Webseite direkt an den Lotus Domino Server, dann erstellt dieser mit Hilfe seines *http-task*[53] den HTML Code und liefert diesen an den Webbrowser. Der *http-task* stellt die Webseite zusammen, indem er den *Inhalt* mit dem jeweiligen *Layout*, beides gespeichert in der Lotus Notes Datenbank, verknüpft (Weg 1).

Weiterhin ist es möglich, die Anfrage des Webbrowsers an den Websphere Application Server zu stellen. In diesem Fall wird ein Servlet aufgerufen, welches auf den Lotus Domino Server zugreift und die Informationen über den *Inhalt* und die *Struktur* der Webseite aus der Lotus Notes Datenbank abruft. Aus den Informationen dieser Daten wird die JSP-Datei aufgerufen, in welcher, ähnlich wie in den *Layoutdokumente* in der Lotus Notes Datenbank, das Design definiert ist.

Die JSP-Datei liefert den HTML Code an den Webbrowser (siehe Abbildung 3-5, Weg 2).

---

[53] siehe [FoWaUng] S. 219f

4 Planung der Personalisierung

Das folgende Kapitel beschäftigt sich mit der Planung der Personalisierung des Content Management Systems. Dies wird anhand der Beispielanwendung „Gartenbau AG" erklärt. Die Anwendung ist in Kapitel 3.9 vorgestellt.

4.1 Definition der Ziele

Zunächst sollten die Ziele festgelegt werden, die mit der Personalisierung der Anwendung erreicht werden sollen. Ein Ziel bei Geschäften im Internet ist wie sonst auch die Erhöhung des Umsatzes. Um dies zu erreichen sollte die Kundenzahl und der Umsatz pro Kunde erhöht werden. Ein weiteres Ziel, welches in engem Zusammenhang mit dem ersten Ziel steht, ist eine Erhöhung der Kundenbindung.

Die Ziele sollen erreicht werden, indem den Kunden Nachrichten und Produkte, die sie interessieren, empfohlen werden.

4.2 Definition der Personalisierungsobjekte

Mögliche Personalisierungsobjekte sind der Navigator, die Inhalte und die Darstellung. In einem ersten Schritt sollen nur die Inhalte abhängig vom Benutzer gestaltet werden.

Da die Anwendung auf einem Content Management System aufbaut, bei welchem Inhalt und Design schon getrennt sind, ist es kein großes Problem, auch die Darstellung vom Benutzer abhängig zu machen. Allerdings ist es bei dieser Anwendung nicht sinnvoll, durch Regeln vorzugeben, wie sich die Darstellung bei bestimmten Kunden ändern soll. Eine Möglichkeit in diesem Zusammenhang ist, dem Benutzer die Gelegenheit zu geben, die Webseite selbst zu gestalten. Da die durchschnittliche Verweildauer in einem Webshop jedoch begrenzt ist, haben Benutzer selten das Bedürfnis, die Darstellung persönlich zu konfigurieren.

Ein benutzerabhängiger Navigator ist bei einem Webshop sinnvoller. So könnte man beispielsweise den Navigator nur aus den Produktgruppen zusammenstellen, welche von Interesse für den Benutzer sind.

Im Folgenden wird untersucht, inwieweit die Inhalte der Navigationspunkte „Home", „Die Firma", "News" und „Produkte" für eine Personalisierung geeignet sind.

4.2.1 Eignung des Menupunktes „Home" für eine Personalisierung

Der Menupunkt „Home" ist der Einstiegspunkt auf die Homepage. Diese Webseite wird zuerst angezeigt. Ist es an dieser Stelle bereits möglich, den Benutzer durch Cookies zu identifizieren, kann der Benutzer auf bestimmte Produkte aufmerksam gemacht werden. Dabei wird ein kleines Bild mit einer kurzen Erklärung des Produktes angezeigt. Klickt der Benutzer auf eines dieser Elemente, wird er in die Rubrik „Produkte" zu dem jeweiligen Produkt weitergeleitet. Die empfohlenen Produkte können aus seinem bisherigem Kaufverhalten oder durch kollaboratives Filtern abgeleitet werden. Nutzt man das bisherige Kaufverhalten, könnte die Regel lauten: „Wenn der Benutzer eine Hecke gekauft hat, dann empfehle ihm eine Heckenschere". Findet man beim Vergleich der Nutzerprofile beim kollaborativen Filtern einen Nutzer B mit einem ähnlichen Profil, kann man an dieser Stelle den Benutzer A auf Produkte aufmerksam machen, welche B gekauft oder positiv bewertet hat.

Neben den Produktempfehlungen können dem Benutzer auf der Startseite Überschriften von Nachrichten angezeigt werden, welche ihn besonders interessieren. Diese verweisen auf die jeweiligen Nachrichten unter dem Menupunkt „News".

Wird der Benutzer erst nach der Anmeldung identifiziert, kann die Startseite nicht an ihn angepasst werden. In diesem Fall hat der Menupunkt „Home" für alle Benutzer das gleiche Aussehen.

4.2.2 Eignung des Menupunktes „Die Firma" für eine Personalisierung

Unter diesem Menupunkt wird die Firma vorgestellt. Da die Benutzer eher danach unterteilt werden, wie sie ihren Garten nutzen und welchen Zweck sie mit ihm verfolgen, kann man diesen Menupunkt nicht an einzelne Benutzer anpassen. Er sieht daher für alle Benutzer gleich aus.

4.2.3 Eignung des Menupunktes „News" für eine Personalisierung

Der Menupunkt „News" eignet sich für eine Personalisierung. Nachdem der Benutzer durch einen Cookie oder durch den Benutzernamen identifiziert ist, werden ihm abhängig von seinen Interessen, unterschiedliche Nachrichten empfohlen.

Da Benutzer nicht immer in die richtigen Gruppen eingeteilt werden, oder durch Cookies falsch erkannt werden (es können zwei Personen den gleichen PC nutzen), ist es ratsam, jedem Benutzer den gesamten Inhalt anzubieten. Nur die Reihenfolge sollte abhängig vom Benutzer gestaltet werden. Damit fallen dem Benutzer sofort die passenden Inhalte ins Auge, ohne dass ein längeres Suchen auf der Webseite nötig ist. Wird eine Nachricht für einen Benutzer empfohlen, bedeutet dies, dass diese zuerst angezeigt wird.

Beim Einfügen der Nachricht durch einen Redakteur wird definiert, für welche Benutzergruppen diese Nachricht von besonderem Interesse ist.

4.2.4 Eignung des Menupunktes „Produkte" für eine Personalisierung

Für die Personalisierung eignet sich ebenso der Menupunkt „Produkte". Wie schon beim Menupunkt „Home" beschrieben, können dem Benutzer Produkte durch kollaboratives Filtern, sowie durch Regelverfahren empfohlen werden. Zunächst wird die Benutzergruppe, in welche der Benutzer aufgrund der Angaben während der Registrierung, und durch Beobachtung seines Surfverhaltens eingeteilt wurde, festgestellt. Daraufhin werden Produkte, die für diese Benutzergruppe laut dem Redakteur von Interesse sind, gesucht. Diese werden dem Benutzer in der jeweiligen Produktgruppe als erstes angezeigt.

4.3 Definition der Software-Architektur

Ein wesentlicher Punkt der zukünftigen Architektur, welche in Abbildung 8-3 im Anhang dargestellt wird, ist, dass die Daten für den Aufbau der Webseite nicht mehr in einer dokumentenbasierten Lotus Notes Datenbank, sondern in einer relationalen Datenbank gespeichert werden. Das Datenbankmanagementsystem wird das in Kapitel 3.4 vorgestellte IBM DB2 UDB sein. Der Zugriff auf eine relationale Datenbank, anstatt auf eine Lotus Notes Datenbank, bedingt erhebliche Geschwindigkeitsvorteile beim Aufbau der Webseite. Außerdem ist eine Lotus Notes Datenbank in ihrer Größe beschränkt. Bei größeren Firmen müssen die Daten daher auf mehrere Datenbanken aufgeteilt werden. Dies ist bei einer relationalen Datenbank nicht nötig.

Weiterhin beibehalten wird der Gedanke eines Content-Management-Systems. Die Redaktion der Daten erfolgt im Lotus Notes. Nachdem der Redakteur die Bearbeitung des Inhaltes abgeschlossen hat, wird dieser in die relationale Datenbank übernommen. Dieser Schritt soll nicht Teil der Diplomarbeit sein. Er wird vielmehr von Christian Romeyke in seiner Diplomarbeit *„Erweiterungsszenarien für das IBM Global Services Content-Management-System"* beschrieben.

Für die Personalisierung wird die Websphere Personalization-Komponente genutzt.

Stellt ein HTTP-Client eine Anfrage für eine Webseite dieser Anwendung, wird diese vom Websphere Application Server bearbeitet. Das aufgerufene Servlet mit dem Namen ViewController stellt zunächst eine Verbindung zu IBM DB2 her, und holt sich die Daten über die Struktur dieser Webseite und über deren mögliche Inhalte. In den Struktur-Tabellen wird der Aufbau der Webseite definiert. Außerdem werden Daten zu den jeweiligen Inhaltselementen, wie Textfelder oder Grafiken, gespeichert. Nachdem das Servlet diese Daten erhalten hat, ruft es die zur Personalisierung eingesetzte Websphere Personalization-Komponente (siehe Kapitel 3.2) auf und übergibt an diese den Benutzernamen und die aktuelle Position im Webangebot. Die Websphere Personalization-Komponente holt sich Daten über den Benutzer sowie Daten zur Personalisierung aus der Datenbank. Mit Hilfe dieser Daten werden die zuvor definierten Regeln durchlaufen, beziehungsweise Empfehlungen aus dem kollaborativen Filtern generiert. Die Ergebnisse werden an das Servlet geschickt, welches daraufhin den personalisierten Inhalt der Webseite zusammenstellt. Die Layoutinformationen, also die Definition an welcher Stelle welches Strukturelement dargestellt werden soll, werden durch die JSP bereitgestellt. Diese wird vom Servlet aufgerufen. Gleichzeitig übergibt das Servlet die Inhalts und Strukturinformationen an die JSP. Aus diesen Daten stellt diese die HTML-Seite zusammen und schickt sie an den Webbrowser. JSPs sind mit den Templates eines CMS vergleichbar.

Das Servlet Registration wird für die Registrierung eines Benutzers genutzt. Es ist hat die Aufgabe, die Daten, welche während der Registrierung gesammelt werden, in die Datenbank einzufügen. Die Implementierung wird im Kapitel 6.2 erläutert.

Für die Anmeldung des Benutzers ist das Servlet Login zuständig. Dieses prüft, ob das richtige Passwort angegeben wurde, und liefert an den Webbrowser den Benutzernamen und das Passwort. Die Implementierung dieses Servlet ist in Kapitel 6.4 erläutert.

4.4 Segmentierung der Benutzer

In Zukunft können dem Benutzer nach dessen Identifizierung gezielt Inhalte angeboten werden. Dafür müssen Benutzergruppen gebildet und Inhalte diesen Gruppen zugeordnet werden. Die Nutzer werden zum einen durch explizites Erfassen der Daten im Rahmen der Registrierung und zum anderen durch eine implizite Datenerfassung wie das Beobachten des Surfverhaltens diesen Gruppen zugeordnet. Das von Websphere Personalization mitgelieferte Paket LikeMinds ermöglicht ein implizites Erfassen von Benutzerdaten.

Bei dieser Anwendung ist es jedoch nicht sinnvoll, das Surfverhalten zu erfassen. Die Vorteile, welche daraus für den Anbieter entständen, wären unverhältnismäßig klein, gegenüber der Arbeit, welche eine solche Implementierung mit sich bringen würde. Daher beschäftigt sich diese Diplomarbeit nur mit dem expliziten Erfassen der Benutzerdaten.

Die Benutzer werden anhand von zwei Fragen in die unterschiedlichen Gruppen eingeteilt. Diese beziehen sich auf den Geschäftszweck und auf die Nutzung des Gartens. Der Geschäftszweck kann privat oder geschäftlich sein, die Nutzung als Dach-/Balkongarten, Erholungsgarten oder als Nutzgarten erfolgen.

Die Benutzer werden, nachdem sie die Fragen des Fragebogens beantwortet haben, in eine der folgenden Gruppen eingeteilt.

1. **Gartenbaubetriebe**: In der ersten Benutzergruppe sind Firmen, die beispielsweise Parkanlagen oder Hotelgärten gestalten. Folgend Gartenbaubetriebe genannt. In diese Gruppe wird ein Benutzer eingeteilt, wenn er als Geschäftszweck geschäftlich und als Nutzung Erholungsgarten oder Dach-/Balkongarten angegeben hat.

2. **Plantagenbetreiber**: Ein Benutzer welcher bei der Registrierung als Geschäftszweck geschäftlich und als Nutzung Nutzgarten angibt, wird in die Gruppe

Plantagenbetreiber eingeteilt. Diese Gruppe setzt sich aus Firmen zusammen, die Obst oder Gemüse anbauen.

3. **Balkongärtner**: In der Gruppe Balkongärtner sind private Personen, welche Ihren Dach- oder Balkongarten gestalten. Der Benutzer hat als Geschäftszweck privat und als Nutzung Dach-/Balkongarten angegeben.

4. **Erholungsgärtner**: Gibt ein Benutzer als Zweck privat und als Nutzung Erholungsgarten an, wird er in die Gruppe Erholungsgärtner eingeteilt. In dieser Gruppe sind Personen, die einen größeren Garten besitzen, sich in diesem aber eher erholen wollen.

5. **Nutzgärtner**: In der Gruppe Nutzgärtner sind private Personen, die ihren Garten nutzen, um Obst und Gemüse anzubauen oder Blumen züchten. Diese haben bei der Registrierung als Zweck privat und als Nutzung Nutzgarten angegeben.

4.5 Matching – Generieren von Empfehlungen

Beim Matching werden die gesammelten Daten über die Benutzer verglichen, um aus den daraus getroffenen Rückschlüssen dem einzelnen Benutzer speziell abgestimmte Informationen zu liefern. Dafür können regelbasierte Verfahren, inhaltsbasierte Filterverfahren oder kollaborative Filterverfahren genutzt werden. Websphere Personalization ermöglicht regelbasierte Verfahren und kollaborative Filterverfahren. Die Nutzungsmöglichkeiten dieser beiden Verfahren im Rahmen der Gartenbau-Anwendung werden in den folgenden Kapiteln dargestellt.

4.5.1 Regelbasiertes Verfahren

Bei einem regelbasierten Verfahren erhalten die Benutzer aufgrund vorgefertigter Wenn-Dann-Regeln bestimmte Informationen. Eine solche Regel kann für die Webseite, welche erscheint, nachdem sich der Benutzer angemeldet hat, lauten: „Wenn der Benutzer in der Gruppe Erholungsgärtner ist, dann zeige ihm die Überschriften der neuesten Nachrichten der Gruppe Erholungsgärtner an." So kann der Benutzer schneller interessante Neuigkeiten erfahren und ist dadurch nicht gezwungen unter der Rubrik News suchen.
Eine weitere Regel für die Webseiten, auf denen eine Übersicht der Produkte einer Kategorie dargestellt ist, könnte lauten: "Wenn der Benutzer in der Gruppe Nutzgärtner ist, dann zeige die Produkte der Gruppe Nutzgärtner zuerst an."

Um diese Regeln umzusetzen, ist es nötig, die Inhalte in bestimmte Gruppen einzuteilen. Dieses erfolgt durch einen Redakteur. Die Inhaltsdaten werden wie schon erwähnt im Lotus Notes eingegeben und in die Datenbank übernommen. Der Redakteur kann in Zukunft mittels Checkboxen angeben, für welche Benutzergruppen der Inhalt empfohlen wird. Ein Inhalt muss für mindestens eine Benutzergruppe empfohlen werden. Er kann aber auch für mehrere oder alle Gruppen empfohlen werden.

Die Auswahl könnte wie folgt aussehen:

Benutzergruppe

- Gartenbaubetrieb
- Plantagenbetreiber
- Balkongärtner
- Erholungsgärtner
- Nutzgärtner

Abbildung 4-1 Checkboxen zur Definition der Zuordnung des Inhalts

Weitere Regeln sind:

Wenn	Dann
der Benutzer Produkt A gekauft hat,	empfehle ihm Produkt B.
der Benutzer in Gruppe Nutzgärtner ist,	empfehle ihm Produkte, welche Benutzer in Gruppe Nutzgärtner gekauft haben.

Tabelle 3 Weitere Regeln für die Personalisierung

4.5.2 Kollaboratives Filtern

Beim kollaborativen Filtern werden Inhalte empfohlen, indem die Inhaltsbewertungen des Benutzers mit denen anderer Benutzer verglichen werden (siehe auch Kapitel 2.8.3). Für die Gartenbauanwendung kann dieses Verfahren genutzt werden, indem am Ende einer Nachricht der Benutzer gefragt wird, inwieweit diese für ihn interessant war. Aus dem Vergleich dieser Angaben mit denen anderer Benutzer werden dem Benutzer weitere Nachrichten vorgeschlagen. Denkbar ist dieses Verfahren auch für Produkte. Der Benutzer wird nach eine Bewertung gefragt. Diese wird mit anderen Bewertungen verglichen. Dementsprechend werden Produkte empfohlen.

5 Zukünftige relationale Tabellenstruktur

Das folgende Kapitel beschäftigt sich mit der Abbildung der dokumentenbasierten Datenbank des bestehenden Content Management Systems in einer relationale Datenbank. Die Daten einer Webseite werden anstatt in einem Dokument zukünftig in mehreren Tabellen gespeichert.

Ein wichtiges Element eines Content-Management-Systems ist, wie schon in Kapitel 3.8 erwähnt, die Trennung von Struktur, Inhalt und Design. Diese Trennung sollte auch in der relationalen Form beibehalten werden. Die Layoutinformationen werden zukünftig in JSP Dateien hinterlegt, die Struktur- und Inhaltsinformationen in der Datenbank. Der Aufbau dieser Tabellen wird in den folgenden Kapiteln erläutert.

Im Anschluss daran wird darauf eingegangen, in welcher Form Benutzerdaten und Daten zur Personalisierung gespeichert werden.

5.1 Darstellung der relationalen Tabellenstruktur

Abbildung 4-2 zeigt den Aufbau der Datenbank. Die Rechtecke stellen dabei die jeweiligen Tabellen dar. Oben stehen jeweils die Tabellennamen, darunter die Namen der Spalten.

Ist eine Spalte fett gedruckt, ist sie ein *Primärschlüssel*. Ein *Primärschlüssel* definiert eindeutig ein bestimmte Spalte in einer Tabelle. Er kann auch aus mehreren Spalten zusammengesetzt sein, siehe Tabelle **USER_DIVISION**. Die Spalten PURPOSE und UTILIZATION bilden zusammen den *Primärschlüssel*.

Die Verbindungen zwischen den Tabellen definieren die *Fremdschlüssel*. Eine Spalte ist ein *Fremdschlüssel*, wenn der Pfeil der Verbindung auf diese zeigt. Ein Eintrag in dieser Spalte muss in der Spalte der Tabelle, von welcher die Verbindung stammt, vorhanden sein.

Spezielle Tabellen sind solche, welche nur eine Spalte haben, wie beispielsweise die Tabelle **USER_UTILIZATION**. Diese Tabellen werden auch Referenztabellen genannt. In diesen Tabellen wird definiert, welche Einträge in den Tabellenspalten möglich sind, welche diese Tabelle referenzieren.

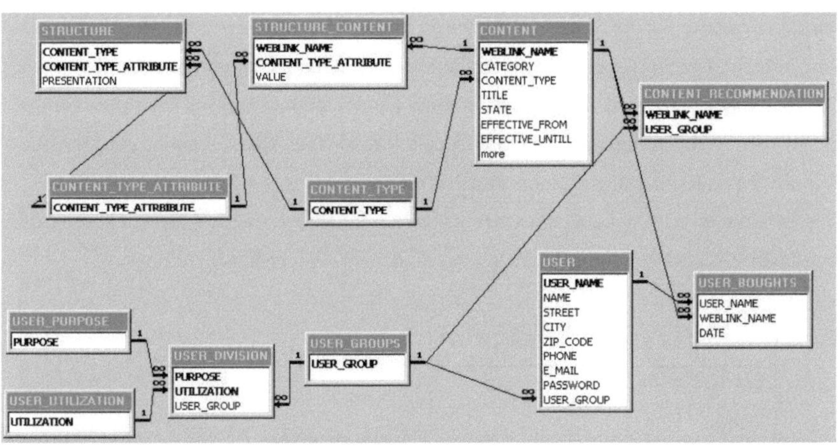

Abbildung 4-2 Darstellung der relationalen Tabellenstruktur

Nachstehend werden die jeweiligen Tabellen genauer vorgestellt. Ist der Spaltenname *rot* und *fett* gedruckt, ist die Spalte der *Primärschlüssel* der Tabelle. Wird er *blau* dargestellt, bedeutet dies, dass die Spalte ein *Fremdschlüssel* ist. Ist die Spalte *Primär-* und *Fremdschlüssel* in einem, wird sie *fett* und *blau* dargestellt.

5.2 Aufbau der Strukturtabellen

CONTENT_TYPE
Einstiegsseite
Teaserseite
Contentseite
Startseite

Tabelle 4 Struktur der Tabelle CONTENT_TYPE

Die Referenztabelle **CONTENT_TYPE** definiert welche unterschiedlichen Webseiten-Typen (Contenttypen) es gibt. Die Spalte CONTENT_TYPE ist der *Primärschlüssel*.
Abhängig vom Webseiten-Typ wird eine unterschiedliche JSP aufgerufen.
Die Contenttypen, welche in dieser Tabelle stehen, sind aus dem bisherigen CMS übernommen.

Die Einstiegsseite ist die Seite, welche zuerst angezeigt wird, wenn man die Webanwendung besucht. Die Startseite wird zur Definition eines Hauptmenupunktes genutzt.

Die Teaserseite verschafft dem Benutzer einen Überblick über weitere Untermenupunkte. Wenn man beispielsweise auf den Menupunk Rasenmäher klickt, kommt ein Überblick über die Typen Rasenmäher R2, Rasenmäher R100.

Eine Inhaltsseite wird genutzt, um einen konkreten Inhalt darzustellen. Beispielsweise den Rasenmäher R2. Neben diesen Contenttypen sind noch weitere Typen definierbar.

CONTENT_TYPE_ATTRIBUTE
Textfeld
Grafik

Tabelle 5 Struktur der Tabelle CONTENT_TYPE_ATTRIBUTE

Die Referenztabelle **CONTENT_TYPE_ATTRIBUTE** hat die Spalte CONTENT_TYPE_ATTRIBUTE, die gleichzeitig der *Primärschlüssel* ist. Hier wird hinterlegt, welche Felder innerhalb eines Contenttypen genutzt werden können.

CONTENT_TYPE	CONTENT_TYPE_ATTRIBUTE	PRESENTATION
Teaserseite	Textfeld	
Teaserseite	Grafik	
Inhaltsseite	Grafik	
Inhaltsseite	Spalte 1	

Tabelle 6 Struktur der Tabelle STRUCTURE

In der Tabelle **STRUCTURE** werden Contenttypen und Contenttyp-Attribute in Verbindung gebracht. In ihr wird definiert, welcher Contenttyp welche Attribute beinhaltet. Die Spalte CONTENT_TYPE ist ein Fremdschlüssel, welcher die Spalte CONTENT_TYPE der Tabelle **CONTENT_TYPE** referenziert. Die Spalte CONTENT_TYPE_ATTRIBUTE referenziert als Fremdschlüssel die Spalte CONTENT_TYPE_ATTRIBUTE der Tabelle **CONTENT_TYPE_ATTRIBUTE**. Beide Spalten zusammen bilden den *Primärschlüssel* dieser Tabelle. Die Spalte PRESENTATION wird vom XML-Parser, welchen Christian Romeyke in seiner Diplomarbeit vorstellt, genutzt.

5.3 Aufbau der Inhaltstabellen

In den Inhaltstabellen sind die konkreten Inhalte für die Webseiten und das dazugehörige Layout hinterlegt.

WEBLINK _NAME	CATE GORY	CONTENT_ TYPE	TITLE	STATE	EFFECTIVE _FROM	EFFECTIVE _TILL	MORE ...
10002311	Produkte	Teaserseite	Wege	3	01.02.00	01.02.99	
10002312	Produk-te/Wege	Inhaltsseite	Platten	3	01.02.00	01.02.99	
10002313	Produk-te/Wege	Inhaltsseite	Kiesel	3	01.02.00	01.02.99	

Tabelle 7 Struktur der Tabelle CONTENT

In Tabelle **CONTENT** sind grundlegende Daten über die Webseite hinterlegt. Die Spalte WEBLINK_NAME ist der *Primärschlüssel*. In der Spalte CATEGORY ist die Position der Webseite in der Webanwendung hinterlegt. Die Spalte CONTENT_TYPE ist ein *Fremd-schlüssel*, der die Spalte CONTENT_TYPE der Tabelle **CONTENT_TYPE** referenziert. Diese Spalte definiert den Layouttypen der Webseite. In der Spalte TITLE ist die Über-schrift der Webseite hinterlegt. Weitere Spalten sind STATE, EFFECTIVE_FROM und EFFECTIVE_TILL. Im Lotus Notes können für jedes Dokument weitere Attribute be-stimmt werden. Diese sind in der letzten Spalte angedeutet. Die Attribute müssen für jede Anwendung des CMS neu angelegt werden.

WEBLINK_NAME	CONTENT_TYPE_ATTRIBUTE	VALUE
10002311	Textfeld	Wir verkaufen folgen-den Produkte:
10002311	Graphik	Produkt.jpg
10002312	Textfeld	Die Platten haben die Maße ...

Tabelle 8 Struktur der Tabelle STRUCTURE_CONTENT

Die konkreten Inhalte eines Dokumentes werden in der Tabelle **STRUCTURE_ CONTENT** hinterlegt. Die Spalte WEBLINK_NAME ist ein *Fremdschlüssel*, und referenziert die Spalte WEBLINK_NAME der Tabelle **CONTENT**. Ein weiterer *Fremdschlüssel* ist die Spalte CONTENT_TYPE_ATTRIBUTE referenzierend die Spalte CONTENT_TYPE_ATTRIBUTE der Tabelle **CONTENT_TYPE_ATTRIBUTE**. Die Spalten WEBLINK_NAME und CONTENT_TYPE_ATTRIBUTE ergeben zusammen den *Primärschlüssel* für diese Tabelle. In der Spalte VALUE steht der Wert des Attributes, zum Beispiel der Text, oder ein Verweis auf ein Bild.

5.4 Aufbau der Benutzertabellen

Neben den Tabellen in denen die Inhalte und die Struktur hinterlegt sind, werden für die Personalisierung Daten über die jeweiligen Benutzer benötigt. Diese sind in den folgenden Tabellen zu finden.

USER_GROUP
Plantagenbetreiber
Erholungsgärtner

Tabelle 9 Struktur der Tabelle USER_GROUPS

Ausgangspunkt ist die Referenztabelle **USER_GROUPS** mit der Spalte USER_GROUP. Diese ist der *Primärschlüssel* der Tabelle. Hier werden die möglichen Benutzergruppen (siehe Kapitel 4.4) gespeichert.

USER_NAME	NAME	STREET	CITY	ZIP_CODE	PHONE	E_MAIL	PASS WORD	USER_GROUP

Tabelle 10 Struktur der Tabelle USER

Die Daten über die Benutzer werden in der Tabelle **USER** gespeichert. Die Spalte USER_GROUP ist ein *Fremdschlüssel*. Dieser referenziert die Spalte USER_GROUP in der Tabelle **USER_GROUPS**. Der *Primärschlüssel* dieser Tabelle ist die Spalte USER_NAME

PURPOSE	UTILIZATION	USER_GROUP
Privat	Erholungsgarten	Erholungsgärtner

Tabelle 11 Struktur der Tabelle USER_DIVISION

Das im Kapitel 6.2 vorgestellte Servlet für die Registrierung eines Benutzer, nutzt die Tabelle **USER_DIVISION**. In ihr ist hinterlegt, in welche Benutzergruppe ein Benutzer, anhand der Angaben während der Registrierung, eingeteilt wird. Die Spalten dieser Tabelle referenzieren die Spalten der Referenztabellen **USER_PURPOSE**, **USER_UTILIZATION** und **USER_GROUPS**. In der Referenztabelle **USER_PURPOSE** ist hinterlegt, welchen möglichen Zweck die Benutzer mit ihrem Garten verfolgen können. In der Referenztabelle **USER_UTILIZATION** sind die möglichen Arten definiert, auf welche die Benutzer ihren Garten nutzen können. Die Spalten PURPOSE und UTILIZATION ergeben den *Primärschlüssel* der Tabelle.

Die Tabellen **USER_PURPOSE**, **USER_UTILIZATION** und **USER_DIVISION** sind abhängig von der Gartenbauanwendung angelegt. Diese sind zu ändern, falls die Benutzer anhand anderer Kriterien in unterschiedliche Gruppen eingeteilt werden sollen.

USER_NAME	WEBLINK_NAME	DATE
Fritzchen	10002312	01.02.01
Charly	10002314	03.02.01
Fritzchen	10002312	06.02.01

Tabelle 12 Struktur der Tabelle USER_BOUGHTS

Die Tabelle **USER_BOUGHTS** beinhaltet Produkte, die der Benutzer bereits gekauft hat. Diese Daten können später genutzt werden, um weitere Produkte zu empfehlen. Die Spalte USER_NAME ist ein *Fremdschlüssel*, der die Spalte USER_NAME in der Tabelle **USER** referenziert. Die Spalte WEBLINK_NAME ist ebenfalls ein *Fremdschlüssel*. Dieser referenziert die Spalte WEBLINK_NAME in der Tabelle **CONTENT**. Zusätzlich wird das Kaufdatum in der Spalte DATE gespeichert. Da ein Benutzer mehrmals das gleiche Produkt, am gleichen Tag kaufen kann, ist es bei dieser Tabelle nicht möglich einen *Primärschlüssel* zu definieren.

5.5 Aufbau der Personalisierungstabellen

Um aus den Daten aus der Benutzertabelle Empfehlungen geben zu können, muss zusätzlich noch für die Inhalte definiert werden, wann diese einem Benutzer in einer bestimmten Gruppe empfohlen werden sollen.

Die Empfehlungen werden bisher in Form von Regeln für jeden Inhalt einzeln eingegeben. Eine Regel lautet: „Wenn der Benutzer der Gruppe Gartenbaubetriebe angehört, dann empfehle ihm den Rasenmäher MT67."

Diese Vorgehensweise bietet sich allerdings im Rahmen eines Content-Management-Systems nicht an, da der Redakteur für jeden neuen Inhalt Personalisierungsregeln definieren muss. Dafür muss er die Kenntnisse haben, um Regeln für die Websphere Personalization-Komponente zu definieren. Da dies aber nicht der Fall sein soll, müssen die Personalisierungsregeln anders definiert werden.

Daher hat der Redakteur in Zukunft die Möglichkeit, während der Eingabe der Inhalte zu definieren, welchen Benutzergruppen diese empfohlen werden sollen. Dies erfolgt, indem er durch Checkboxen die jeweiligen Gruppen auswählen kann, für welche der Inhalt am interessantesten sein wird (siehe Kapitel 4.5.1).

Die Angaben werden zum Zeitpunkt der Veröffentlichung der Webseite durch den Redakteur in die Tabelle **CONTENT_ RECOMMENDATION** übernommen. Diese besitzt die Spalten WEBLINK_NAME, die als Fremdschlüssel die Spalte WEBLINK_NAME der Tabelle **CONTENT** referenziert, und USER_GROUP. Die Spalte USER_GROUP ist ebenfalls ein Fremdschlüssel. Dieser referenziert die Spalte USER_GROUP in der Tabelle **USER_GROUPS**. Zusammen bilden beide Spalten den *Primärschlüssel*. In der Spalte Benutzergruppe steht, für welche Benutzergruppen der Inhalt empfohlen werden soll.

Der Inhalt kann für eine oder mehrere Gruppen empfohlen werden.

WEBLINK_NAME	USER_GROUP
1000123	Gartenbaubetriebe
1000231	Gartenbaubetriebe
1000231	Erholungsgärtner
1000221	Gartenbaubetriebe

Tabelle 13 Struktur der Tabelle CONTENT_RECOMMENDATION

Die Regel für die Personalisierung lautet dann nicht mehr „Wenn der Benutzer in der Gruppe xy, dann empfehle Inhalt yz", sondern „Wenn der Benutzer in der Gruppe xy, dann empfehle den Inhalt in der Kategorie xy".

6 Implementierung einer Benutzerregistrierung und -anmeldung

Das folgende Kapitel beschäftigt sich mit der Implementierung einer Benutzerregistrierung und einer Benutzeranmeldung. Der Ablauf der Registrierung ist in Abbildung 8-5 im Anhang, der Ablauf der Anmeldung in Abbildung 8-6 im Anhang dargestellt. Die Registrierung ist der erste Schritt, um die Webseiten an den Benutzer anpassen zu können. Dabei werden die Daten explizit erfasst. Aus den Angaben des Benutzers wird dieser in eine bestimmte Benutzergruppe eingeteilt.

Die Anmeldung ist nötig, um den Benutzer anhand des Benutzernamen und des Kennwortes zu identifizieren.

6.1 Registration.jsp

Die Webseite, in welcher die Eingabefelder für die Registrierung definiert sind, ist die JSP-Seite Registration.jsp.

Der Programmcode dieser Datei ist der Diplomarbeit im Anhang im Kapitel 8.4.1 beigelegt. Wie der generierte HTML-Code im Webbrowser angezeigt wird, ist in Abbildung 8-7 im Anhang dargestellt.

Die Registrierung wurde als Java Server Page gestaltet, da der Benutzer, neben allgemeinen Angaben über seine Person, Angaben über die Gartennutzung und den Zweck machen soll. Die möglichen Angaben sollen dynamisch hinzugefügt werden, damit später Änderungen durch einen Redakteur in den entsprechenden Tabellen vorgenommen werden können.

Diese JSP nutzt die Tabellen **USER_UTILIZATION** und **USER_PURPOSE**. Im Rahmen der Gartenbauanwendung sind in der Tabelle **USER_UTILIZATION** die Werte Balkon-/Dachgarten, Erholungsgarten und Nutzgarten hinterlegt. In der Tabelle **USER_PURPOSE** sind die Einträge privat und geschäftlich vorhanden.

Die Einträge aus diesen Tabellen werden im ersten Schritt in zwei Auswahlboxen in das Formular übernommen (Zeile 18-38).

Nachdem der Benutzer die Felder ausgefüllt hat und den Button „Submit" klickt, wird das Servlet „Registration" aufgerufen. Die Angaben des Benutzers werden an das Servlet übergeben. Der Programmcode dieses Servlet wird im Folgenden Kapitel erläutert.

6.2 Servlet Registration

Der Quellcode des Servlets ist in Kapitel 8.4.2 beigelegt.

Auf den generellen Aufbau eines Servlet wird an dieser Stelle nicht eingegangen. Nähere Informationen dazu finden Sie in den Büchern [Hall] und [RoßSchrei].

Das Servlet Registration nimmt die Daten, welche von der Registration.jsp übergeben wurden, auf, generiert aus den Angaben über die Gartennutzung und den Geschäftszweck die entsprechende Benutzergruppe und fügt diese Daten in die Tabelle **USER** ein.

Zunächst wird in der Methode doPost() ein HTML-Grundgerüst aufgebaut (Zeile 18-25), das später genutzt wird, um eventuelle Fehlermeldungen an den Browser zu schicken.

In den Zeilen 40 bis 42 wird überprüft, ob ein Eintrag in die Felder NAME, USER_NAME und PASSWORD erfolgt ist. Diese drei Angaben müssen gemacht werden, um den Benutzer identifizieren zu können. Ist dies nicht der Fall wird eine entsprechende Fehlermeldung generiert.

Wenn in den drei Feldern Eingaben vorhanden sind, wird im sechsten Schritt der Registrierung bestimmt, welcher Gruppe der Benutzer anhand der Angaben zuzuordnen ist.

Die SQL-SELECT Anweisung in Zeile 53 liefert die entsprechende Benutzergruppe aus der Tabelle **USER_DIVISION**, indem die Gruppe herausgesucht wird, für welche der Zweck (PURPOSE) und die Nutzung (UTILIZATION) gleich den Angaben durch den Benutzer sind.

Nachdem die Benutzergruppe ermittelt ist, können die gesamten Daten über den Benutzer in die Tabelle **USER** übernommen werden. Dies übernimmt die in Zeile 60 definierte SQL-INSERT Anweisung. Eine SQL-INSERT Anweisung schreibt Daten in die Datenbank.

Eine Besonderheit dieser Anweisung ist, dass das Passwort als Hashcode in die Datenbank übernommen wird. Dies geschieht, um auszuschließen, dass andere Personen das Passwort aus der Datenbank lesen und für ihre Zwecke missbrauchen können.

Falls der Benutzername bereits in der Datenbank vorhanden ist, wird eine Fehlermeldung generiert. Der Benutzername darf nur einmal vergeben werden, da er gleichzeitig der *Primärschlüssel* der Tabelle **USER** ist und damit eine Zeile in der Tabelle eindeutig bestimmen muss.

Im letzten Schritt, welcher durch das gestrichelte Recheck in Abbildung 8-5 dargestellt ist, wird die personalisierte Startseite aufgerufen.

Dieses Rechteck ist gestrichelt dargestellt, da die Implementierung der Personalisierungsregeln in der Websphere Personalization-Komponente und der Aufruf und Aufbau der personalisierten Webseiten nicht im Rahmen dieser Diplomarbeit erfolgt.

6.3 Login.html

Der Programmcode der HTML-Seite ist in Kapitel 8.4.3 im Anhang beigelegt. Die HTML-Seite Login besteht aus einem Formular, in welches der Benutzer seinen Benutzernamen und das Passwort einträgt. Sobald der Benutzer diese Daten eingetragen hat, und den Button „Login" klickt, wird das Servlet „Login" aufgerufen. Diesem werden die Daten aus dem Formular übergeben.

6.4 Servlet Login

Der Quellcode dieses Servlets ist in Kapitel 8.4.4 beigelegt.

Das Servlet Login hat die Aufgabe, das Passwort des Benutzers zu überprüfen und später die Benutzergruppe des Benutzers an den Browser zu übergeben. Weiterhin wird die Personalisierte Startseite aufgerufen.

Zunächst wird wie im Servlet Registration ein HTML-Grundgerüst erzeugt, in welches später eventuelle Fehlermeldungen eingefügt werden. Nachdem eine Fehlermeldung eingefügt ist, wird der HTML-Code an den Webbrowser geschickt.

Im fünften Schritt der Anmeldung wird mittels einer SQL-SELECT Anweisung (Zeile 46) aus der Tabelle **USER** der Eintrag aus den Spalten PASSWORS und USER_GROUP aus der Zeile der Tabelle geladen, bei welcher der Eintrag in der Spalte USER_NAME gleich dem aus dem Formular übernommenem Benutzernamen ist.

Danach prüft das Servlet ob der Benutzername und das Passwort korrekt eingegeben wurden. Dafür wird zunächst mit der gleichen Hashfunktion, welche während der Registrierung genutzt wurde, der Hashcode des Passwortes, das von der Login.html übergeben wurde, erzeugt. Danach wird der Eintrag, welcher im Feld PASSWORT des Benutzers steht, mit dem erzeugten Hashcode verglichen. Sind beide Einträge identisch, wurde das Passwort richtig angegeben. Damit ist der Benutzer identifiziert.

Nach dem Ende der Anmeldung wird die noch zu implementierende personalisierte Startseite aufgerufen und die Benutzergruppe an den Browser übergeben.

7 Schlusswort

Mit dieser und der bereits erwähnten Diplomarbeit „*Erweiterungsszenarien für das IBM Global Services Content-Management-System*" von Christian Romeyke ist die Personalisierung und Umstellung des Content-Management-Systems aus der dokumentenbasierten Lotus-Notes Datenbank in die relationale IBM DB2 UDB Datenbank noch nicht abgeschlossen.

Es wird sich noch eine dritte Diplomarbeit von Nils Hensel anschließen.

Diese wird sich mit der personalisierten Darstellung der Daten aus der relationalen Datenbank mit Hilfe von Servlets, JSPs und den in der Websphere Personalization-Komponente definierten Regeln und darauf basierenden Empfehlungen beschäftigen.

Die Datensammlung über den Benutzer wird mit dem steigenden Handel im Internet auch in Zukunft zunehmen. Um jedoch korrekte Angaben vom Anwender zu erhalten, müssen die Unternehmen verstärkt die gewonnenen Daten verwenden, um die Webseiten an den Benutzer anzupassen.

Ohne Mehrwert werden die Benutzer kaum noch ihre persönliche Daten preisgeben.

8 Anhang

8.1 Abbildungen

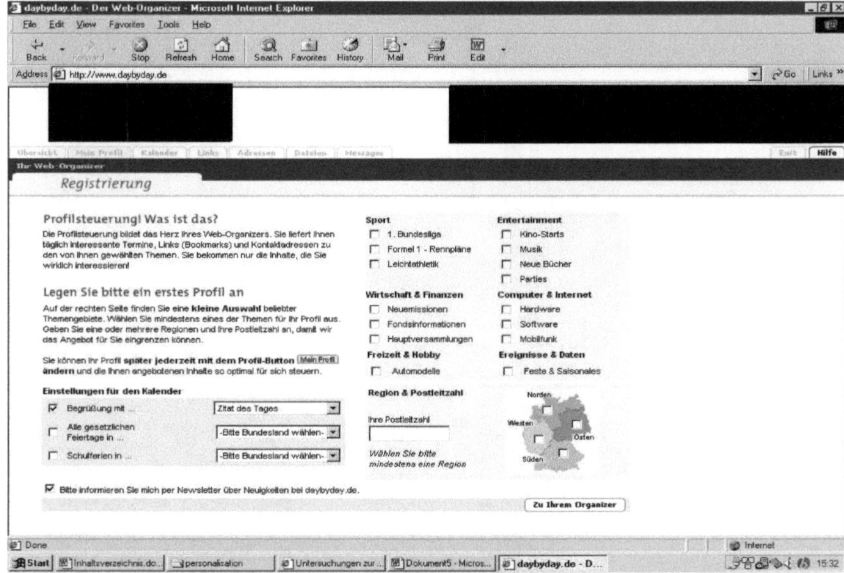

Abbildung 8-1 Explizite Datengewinnung bei www.daybyday.de[54]

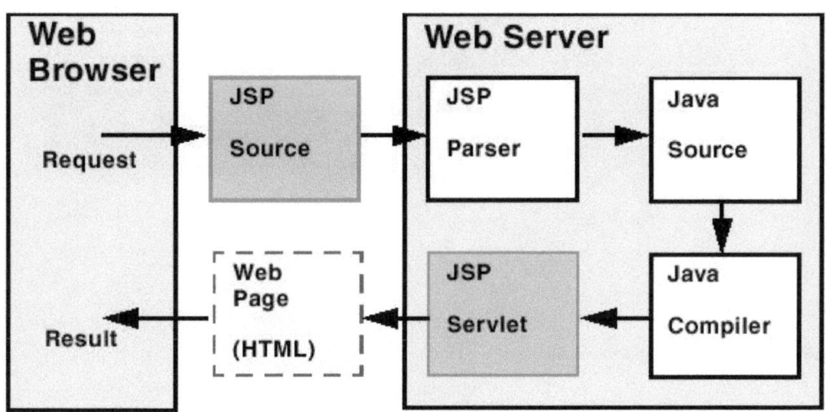

Abbildung 8-2 Lebenszyklus eines JSP beim ersten Aufruf[55]

---

[54] vgl. [Daybyday]
[55] [RedboookServlet] S. 98

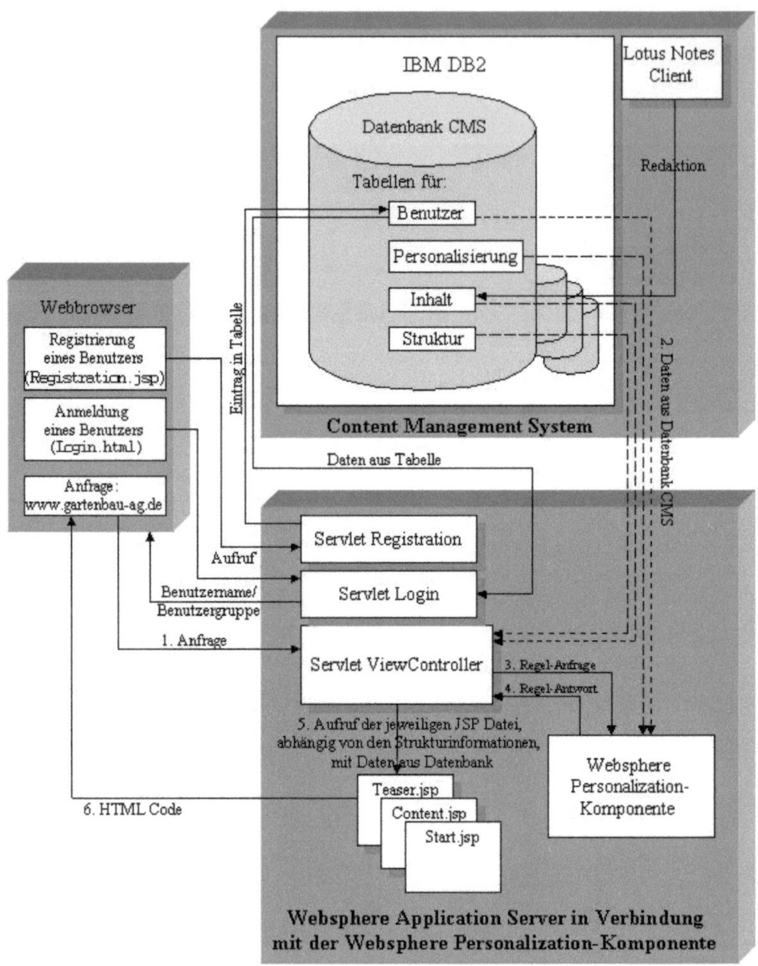

Abbildung 8-3 zukünftiges Szenario

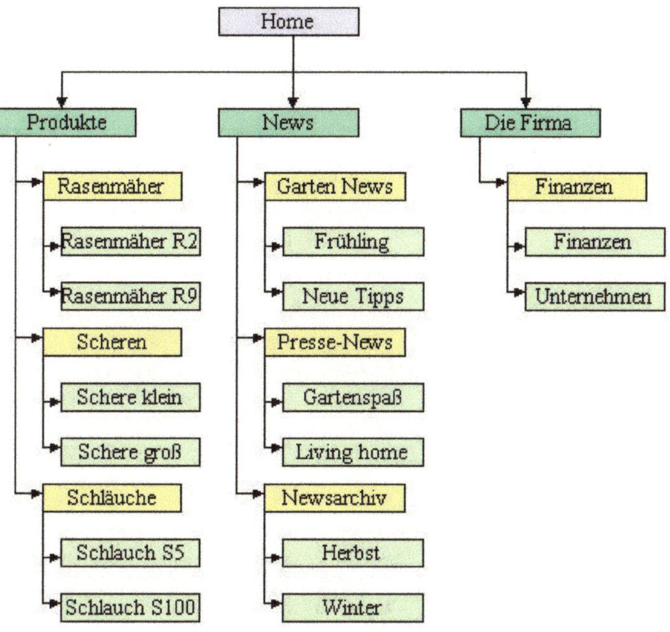

Legende: 

Abbildung 8-4 Aufbau der Gartenbauanwendung

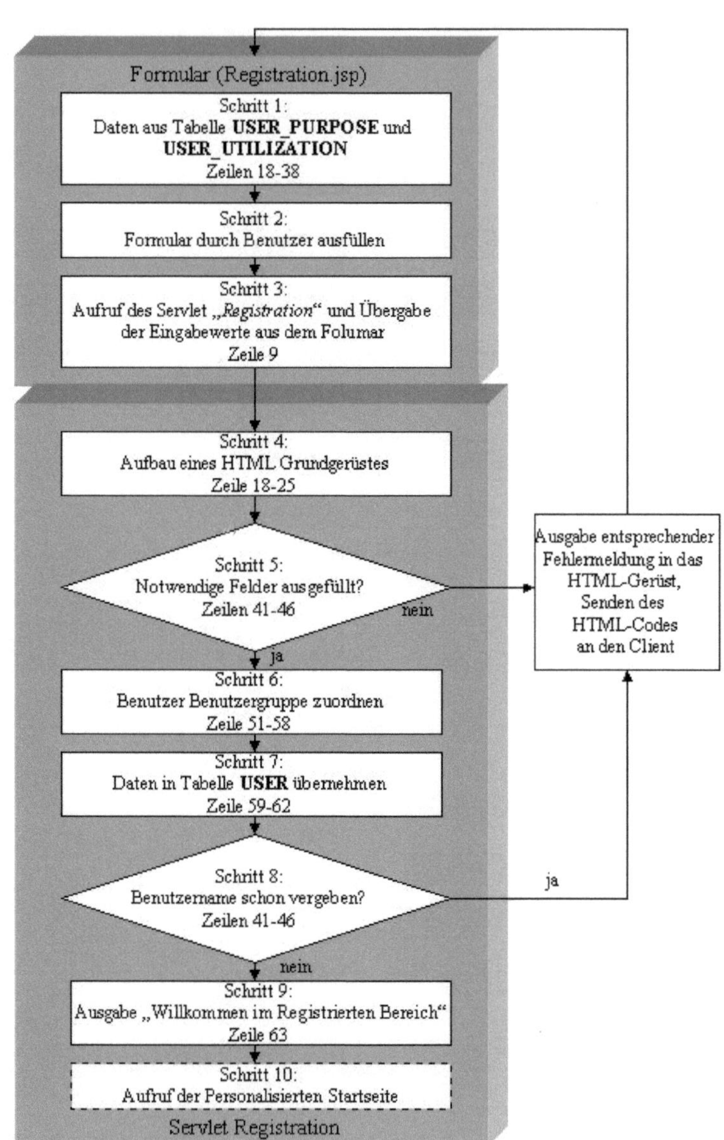

Abbildung 8-5 Ablauf der Registrierung

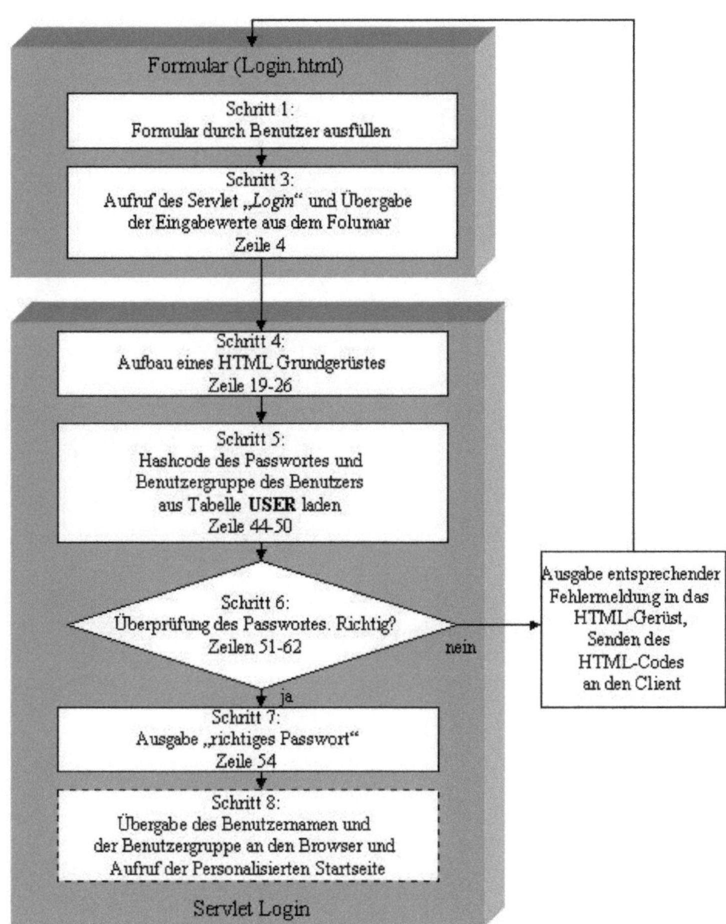

Abbildung 8-6 Ablauf der Anmeldung

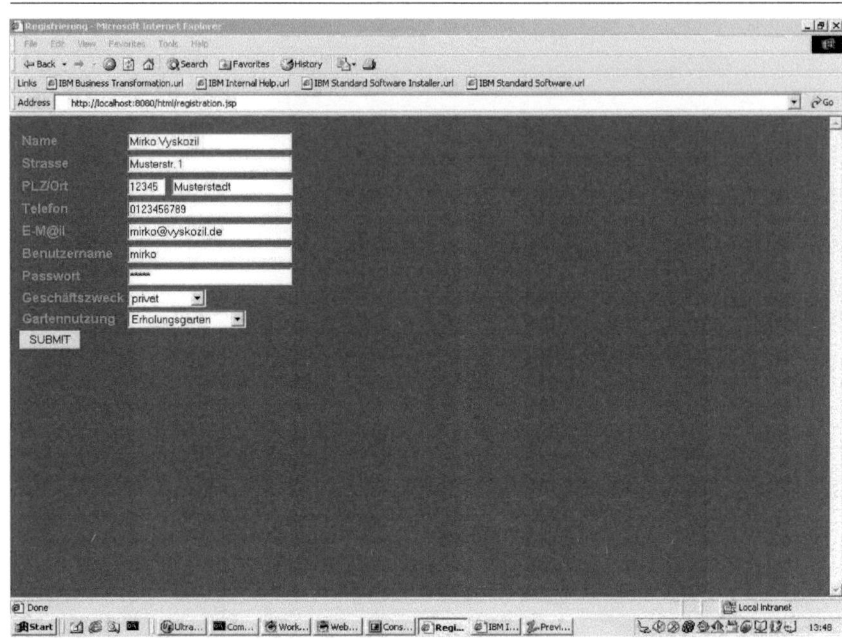

Abbildung 8-7 Anzeige der Registration.jsp im Webbrowser

8.2 Begriffserklärungen

Cookies

Cookies sind Textdateien, die vom Webserver auf den Rechner des Anwenders übertragen werden, in denen nutzerspezifische Informationen oder Daten zur Benutzung in einem Web-Shop gespeichert werden können.[56]

Fremdschlüssel

Ein Fremdschlüssel ist eine Spalte in einer Tabelle, welche auf den Primärschlüssel einer oder mehrerer Tabellen verweist. Der Inhalt dieses Feldes muss in der Spalte der Tabelle vorhanden sein, welche der Fremdschlüssel referenziert.[57]

Hashfunktion

Eine Hashfunktion verarbeitet einen beliebig langen Eingabewert und erzeugt aus diesem einen Hashwert fester Länge. Hashfunktionen haben folgende Eigenschaften:
- Zu gegebenem Eingabewert ist es einfach, den Hashwert zu berechnen.
- Zu gegebenem Hashwert ist es schwer, den Eingabewert zu berechnen.[58]

HTML Hyper Text Markup Language

HTML ist eine sogenannte Auszeichnungssprache (Markup Language), welche die Aufgabe hat, die logischen Bestandteile eines Dokuments zu beschreiben. HTML enthält Befehle zum Markieren typischer Elemente eines Dokuments, wie Überschriften, Textabsätze, Listen, Tabellen oder Grafikreferenzen.[59]

Internet

Das Internet ist ein weltweiter Zusammenschluss von Rechnern. Bis 1993 wurde es für militärische, wissenschaftliche oder Forschungszwecke genutzt. Seit dem 1993 einsetzenden Boom des WWW, wird es zunehmend auch kommerziell genutzt.

---

[56] vgl. [Wodecki 1]
[57] vgl. [Stepken 1]
[58] vgl. [Schneier] S. 491
[59] vgl. [SelfHTML]

Intranet

Ein Intranet ist ein firmeninternes Netzwerk. Es wird zum Bereitstellen interner Webseiten, oder zum Datenaustausch genutzt.[60]

IP (Internet Protokoll)-Adresse

Bei Netzwerken, welche mit dem TCP/IP Protokoll arbeiten, wird jedem Rechner eine numerische Adresse, über die dieser eindeutig identifizierbar ist, vergeben. Eine IP-Adresse besteht aus vier durch einen Punkt getrennten Zahlen, die jeweils einen Wert zwischen 0 und 255 annehmen können. [61]

Internet Service Provider (ISP)

Ein ISP ist eine Firma oder Institution die den Zugang zum Internet bereitstellt.

Java Beans

Java Beans sind wiederverwendbare Softwarebausteine die für die Programmierung oder in Programmiertools eingesetzt werden können.[62]

Massenmarketing

Der Grundgedanke des Massenmarketing ist, die Produkte an möglichst viele, nicht näher bekannte Kunden zu verkaufen.

Mehrwertdienste

Mehrwertdienste sind Dienstleistungen, welche über allgemeine Leistungen hinausgehen. Das können beispielsweise die neuesten Börsennachrichten oder Staumeldungen sein. Mehrwertdienste werden meist erst nach einer Registrierung des Benutzers angeboten.

One-to-one Marketing

Der Grundgedanke des one-to-one Marketings ist, möglichst viele Produkte an einen Kunden zu verkaufen. Dies wird erreicht, indem der, dem Unternehmen bekannte Kunde, individuell und bedürfnisgerecht behandelt wird. Das Unternehmen ist nicht mehr primär auf das Gewinnen neuer Kunden, sondern auf das Halten der bestehenden Kunden fixiert.[63]

---

[60] vgl. [Ecommerceit]
[61] vgl. [Wodecki 2]
[62] vgl. [Prüßmann]
[63] vgl. [EggiTüll] S. 7f

PDA Personal Digital Assistant

Ein PDA ist ein kleiner tragbarer Rechner zum Speichern von Notizen oder Schreiben und Empfangen von E-Mails.

Primärschlüssel

Der Primärschlüssel dient in einer Tabelle einer relationalen Datenbank zur eindeutigen Kennzeichnung der einzelnen Datensätze. Der Primärschlüssel kann aus einem oder mehreren Feldern gebildet werden.[64]

Proxy

Ein Proxy ist ein Programm, welches zwischen Webbrowser und Webserver agiert. Es nimmt die Anfragen des Browsers entgegen, bearbeitet diese wenn nötig, leitet die bearbeitete Anfrage an den Webserver weiter, nimmt die Antwort entgegen, bearbeitet diese gegebenenfalls auch, und sendet das Ergebnis schließlich an den Browser zurück.[65]

Tag (engl.)
Anweisung in der Sprache HTML (siehe HTML).

„Tante-Emma-Laden"

Ein „Tante-Emma-Laden" ist das Pendant zum heutigen Supermarkt. Der bedeutendste Unterschied zu diesem ist, dass der Kunde vom Verkäufer bedient wird und die Produkte nicht selbst aus dem Regal holen muss.

TCP/IP Transmission Control Protocol/ Internet Protocol
TCP/IP ist ein in den 70er Jahren entwickeltes Paket an Protokollen für Netzwerke, welche die technische Grundlage für den Datenverkehr im Internet bilden.[66]

Webanwendung
Zusammenfassung mehrere Webseiten eines Unternehmens, die unter einer bestimmten Adresse in Internet verfügbar sind.

---

[64] vgl. [Stepken 2]
[65] vgl. [Gräfe]
[66] vgl. [Wodecki 3]

Web Application Server

Web Application Server stellen eine optimierte Ausführungsumgebung für webbasierte Server-seitige Anwendungskomponenten zur Verfügung. Webbasierte Server-seitige Anwendungskomponenten sind unter anderem Servlets und Java Server Pages. Web Application Server werden neben einem herkömmlichen Webserver betrieben.[67]

Webbrowser

Ein Webbrowser ist ein Programm, das eine Webseite von einem Webserver aufruft und diese darstellt.[68]

Webseite

Eine Webseite ist eine Textseite, welche HTML-Anweisungen für einen Webbrowser enthält.

Webserver

Ein Webserver ist eine Anwendung, die HTML-Seiten auf Anfrage bereitstellt.

---

[67] vgl. [Reibold]
[68] vgl. [Rademacher]

8.3 Literaturverzeichnis

8.3.1 Bücher

[BDSG]

Bundesdatenschutzgesetz vom 20. Dezember 1990; zuletzt geändert am 14. September 1994

[EGDatenschutz]

EG Telekommunikations-Datenschutzrichtlinie;

Richtlinie 97/66/EG des Europäischen Parlaments und des Rates vom 15. Dezember 1997

[FoWaUng]

Klaus Fochler, Benedikt Wahl, Jörg Ungermann; *Domino.Solutions*; Addison Wesley; München; 2000

[GroGen]

Martin Grothe, Peter Gentsch; *Business Intelligence*; Addison Wesley; München; Auflage; 2000

[Hall]

Marty Hall; *Servlets und JavaServer Pages*; Markt+Technik Verlag; München; 2001

[Hildebrand]

Volker G. Hildebrand; *Individualisierung als strategische Option der Marktbearbeitung*; Gabler Verlag; Wiesbaden; 1997

[MadBlank]

Kata Maddox, Dana Blankenhorn; *Building a Digital Business - Web Commerce*; John Wiley and Sons; USA 1998

[Rebstock]

Michael Rebstock; *E-Business für Manager*; MITP; Bonn;1999

[RedbookPersonalization]

John Ganci, Michael Adams, Mark Endrei, Maria Miccolis, Erly Serrano; *Websphere Personalization Solution Guide*; IBM Redbook; Dezember 2000;
IBM Redbooks sind verfügbar unter: http://www.ibm.com/redbooks

[RedbookServlet]

Ueli Wahli, Mitch Fielding, Gareth Mackown, Deborah Shaddon, Gert Heckenberg; *Servlet and JSP Programming with IBM Websphere Studio and Visual Age for Java*; IBM Redbook; Mai 2000; IBM Redbooks sind verfügbar unter: http://www.ibm.com/redbooks

[RoßSchrei]

Peter Rossbach, Hendrik Schreiber; *Java Server und Servlets*; Addison Wesley Verlag;
Auflage; München; 2000

[Schneier]

Bruce Schneier; *Angewandte Kryptographie*; Addison-Wesley GmbH; 1996

[Turau]

Volker Turau; *Java Server Pages*; dpunkt.Verlag; 1. Auflage; Heidelberg; 2000

8.3.2 Webseiten

[AlcatelWP]

Alcatel Whitepaper Personalisierung; S. 4;
http://www.alcatel.ch/de/enterprise/ebusiness/whitepaper.pdf; 10.03.2001

[Amazon]

o.V. http://www.amazon.com/; 06.03.2001

[Brokat]

Brokat AG; *Unternehmensprofil*; http://www.brokat.com/de/company/profile.html
13.03.2001

[Cyberlaw]

o.V. *Cyberkrieg um Datenschutz*; http://www.cyberlaw.de/datenschutz/Cyberkrieg.htm; 07.03.2001

[Daybyday]

o.V.; *Der persönliche Info-Manager im Internet*; http://www.daybyday.de/registration/login_erstes_profil_d.html; 07.03.2001

[Ecommerceit]

e-commerceIT GmbH; *Intranet / Extranet*; http://www.e-commerceit.de/?wwe=intranet; 20.04.2001

[EggiTüll]

Andreas Eggimann, Silvio Tüller; *One-To-One Marketing und Collaborative Filtering*; http://iab.fhbb.ch/studnet/studnethome.nsf/027aa7930b1041c5c125698a0063c60d/3d56e98 6984a773fc12568e8004a5546/$FILE/1to1_Marketing.pdf; 20.04.2001

[Gräfe]

Alexander Gräfe; *Proxy Music*; http://www.linux-magazin.de/ausgabe/1999/11/ProxyMusic/proxymusic.html; 20.04.2001

[Handelshaus]

o.V.; *Neugier*; http://www.handelshaus.de/ausbildung/news/neugier.htm; 04.03.2001

[IBMHighVT]

IBM High-Volume Websit-Team; *Personalisierung von Websites*; http://www-106.ibm.com/developerworks/edeu/library/personalization.htm; 28.02.2001

[JupiterSurvey]

Jupiter Executive Survey; N =44; Jupiter Research 1999; http://www.jup.com/sps/research/report.jsp?doc=wts99-v08&Page=2; 06.03.2001

[PersFAQ1]

o.V. *What is "personalization" anyway?*;
http://www.personalization.com/basics/faq/faq1.asp 05.03.2001

[PersSoap]

Christopher Locke; *Personalization and Privacy: The Race Is On*;
http://www.personalization.com/soapbox/ ; 05.03.2001

[Prüßmann]

H. Prüßmann; *Java Beans*; http://www.fh-wolfenbuettel.de/fb/i/_aktuel-
le_informationen/javavortrag_prue/java_beans.html; 20.04.2001

[Rademacher]

Marco Rademacher; *Technik*; http://ig.cs.tu-berlin.de/da/048/node85.html; 20.04.2001

[Reibold]

Holger Reibold; *Entwicklungshelfer*;
http://www.zdnet.de/produkte/artikel/sw/199906/webappserver01_03-wc.html; 20.04.2001

[SAS]

o.V. *Cross Selling*; http://www.sas.com/offices/europe/switzerland/loesungen_und_tech-
nologien/customer_relationship_management/crm_cross_selling/crm_cross_selling.html ;
05.03.2001

[SelfHTML]

Stefan Münz; *Eigenschaften von HTML*;
http://www.teamone.de/selfhtml/tbae.htm;20.04.2001

[Sonntag]

Michael Sonntag; *Untersuchungen zur Personalisierung*; http://www.fim.uni-
linz.ac.at/Publications/Aussendung10.98/Personalisierung.htm; 27.02.2001

[Stepken 1]

Guido Stepken; *Fremdschlüssel*; http://www2.rent-a-database.de/mysql/mysql-176.html;
20.04.2001

[Stepken 2]

Guido Stepken; *Primärschlüssel*; http://www2.rent-a-database.de/mysql/mysql-175.html;
20.04.2001

[Tietgens]

Volker Tietgens; *Kundenmanagement*; http://www.salesprofi.de/bp/vertrieb-
verkauf/archiv-vk/017.htm; 05.03.2001

[ToloraLab]

o.V. http://t25snd02.torolab.ibm.com/Reference/Function/WWAIMSales/AIMInfo/
AIMCOMP.NSF/crawler/50EE3F7FF094E9BA85256981005B9A12; 13.03.2001

[VADD]

o.V. *Visual Age Developer Domain*; http://www7.software.ibm.com/vad.nsf/Data/
Document3175?OpenDocument&SubMast=1 16.04.2001

[W3IBM]

o.V. *IBM Intranet*; http://w3.ibm.com; 30.03.2001

[WebAppServer]

o.V. *Websphere Application Server*; http://www-4.ibm.com/software/webservers/appserv/;
16.04.2001

[Webfair]

o.V. *Personalisierung und Qualifizierung*;
http://www.webfair.com/german/products_personalization.html; 28.02.2001

[Wodecki 1]

Wiktor Wodecki; *Internet-Fachbegriffe C*; http://www.physnet.uni-
hamburg.de/physnet/ABC/ABC_C.HTM; 20.04.2001

[Wodecki 2]

Wiktor Wodecki; *Internet-Fachbegriffe I*; http://www.physnet.uni-hamburg.de/physnet/ABC/ABC_I.HTM; 20.04.2001

[Wodecki 3]

Wiktor Wodecki; *Internet-Fachbegriffe T*; http://www.physnet.uni-hamburg.de/physnet/ABC/ABC_T.HTM; 20.04.2001

8.3.3 Zeitschriften

[Balabanovic]

Marko Balabanovic, Yoav Shoham; *Content-Based, Collaborative Recommendation*; In: Communications of the ACM; Ausgabe 03/1997

[Computerzeitung 8/2001]

Computer Zeitung Nr. 8/2001; Konradin Verlag; 22.02.2001

[Hengl]

Hans-Thomas Hengl; *Datenschützer stehen vor schwierigen Aufgaben*; In: Computer Zeitung S. 38 Nr. 8/2001; Konradin Verlag; 15.03.2001

[Schüler]

Dr. Hans Peter Schüler; *Digitale Fußspuren*; In: c't Heft 8/2001; Verlag Heinz Heise GmbH; 9.4.2001-22.4.2001

[SchuWilh]

Erwin Schuster, Stephan Wilhelm; *Content Management*; In: Informatik Spektrum; Springer Verlag; Band 23 Heft 6/2000

[Volokh]

Eugene Volokh; *Personalization and Privacy.* In: Communication of the ACM; Ausgabe 8/2000

8.4 Programmcodes

8.4.1 Registration.jsp

```
1  <html><head>
2  <style type="text/css">
3  h6        {color:#888888; font-family:arial,verdana; font-
   size:12pt; font-weight: bold; }
4  td        {color:#888888; font-family:arial,verdana; font-
   size:12pt; font-weight: bold; }
5  </style>
6  <title>Registrierung</title>
7  </head>
8  <body background="back.gif">
9  <form action="/servlet/Registration" method=post>
10 <table>
11 <tr><td>Name</td><td><input name="NAME" size=30
   maxlength=100></td></tr>
12 <tr><td>Strasse</td><td><input name="STREET" size=30
   maxlength=100></td></tr>
13 <tr><td>PLZ/Ort</td><td><input name="ZIP_CODE" size=4
   maxlength=5>  <input name="CITY" size=21
   maxlength=100></td></tr>
14 <tr><td>Telefon</td><td><input name="PHONE" size=30
   maxlength=100></td></tr>
15 <tr><td>E-M@il</td><td><input name="E_MAIL" size=30
   maxlength=100></td></tr>
16 <tr><td>Benutzername</td><td><input name="USER_NAME" size=30 max-
   length=100></td></tr>
17 <tr><td>Passwort</td><td><input name="PASSWORD" type="password"
   size=30 maxlength=100></td></tr>
18 <!-- Daten aus Datenbank -->
19 <tsx:dbconnect id="myConn"
20 driver="COM.ibm.db2.jdbc.app.DB2Driver"
21 url="jdbc:db2:cms"
22 userid="db2admin"
23 passwd="admindb2">
24 </tsx:dbconnect>
25 <tsx:dbquery connection="myConn" id="utitlization">SELECT * FROM
   DB2ADMIN.USER_UTILIZATION</tsx:dbquery>
26 <tsx:dbquery connection="myConn" id="purpose">SELECT * FROM
   DB2ADMIN.USER_PURPOSE</tsx:dbquery>
27 <tr><td>Geschäftszweck</td><td><select name="purpose">
28 <tsx:repeat>
29 <option><tsx:getProperty name="purpose" property="PURPOSE" />
30 </tsx:repeat>
31 </select>
32 </td></tr>
33 <tr><td>Gartennutzung</td><td>
34 <select name="utilization">
35 <tsx:repeat>
36 <option><tsx:getProperty name="utitlization" property="UTILIZATION"
   />
37 </tsx:repeat>
38 <!-- Ende Daten aus Datenbank -->
39 </select>
40 </td>
41 </tr>
42 </table>
43 <INPUT type="submit" name="SUBMIT" value="SUBMIT">
44 </form></body></html>
```

8.4.2 Registration.java

```
1   import java.io.*;
2   import java.util.*;
3   import java.sql.*;
4   import java.lang.String.*;
5   import javax.servlet.*;
6   import javax.servlet.http.*;

7   public class Registration extends HttpServlet {

8     String mydriver = "COM.ibm.db2.jdbc.net.DB2Driver";
9     String myurl = "jdbc:db2://localhost/cms";
10    String myuserID = "db2admin";
11    String mypassword = "admindb2";
12    String usergroup;
13    Connection conn = null;


14    public void doGet(HttpServletRequest req, HttpServletResponse res)
      throws ServletException, IOException {
15     doPost(req, res);
16    }
17    public void doPost(HttpServletRequest req, HttpServletResponse
       res) throws ServletException, IOException {
18     // Aufbau HTML Grundgerüst
19     res.setContentType("text/html");
20     PrintWriter out = res.getWriter();
21     out.println("<HTML><TITLE>Rückmeldung</TITLE></BODY>");
22     executeSQL(out,req);
23     out.println("</BODY></HTML>");
24     out.close();
25     // Ende Aufbau HTML Grundgerüst
26    }

27    public void init(ServletConfig srvCfg) throws ServletException {
28     super.init(srvCfg);
29     try
30     {
31      Class.forName(mydriver).newInstance();
32      conn = DriverManager.getConnection(myurl, myuserID, mypassword);
33      System.out.println("Connection succesful ..");
34     }
35     catch (Exception e)
36     {
37      e.printStackTrace();
38     }
39    }
40    public void executeSQL(PrintWriter out, HttpServletRequest req){
41     // Notwendige Felder ausgefüllt?
42     boolean fault = false;
43     if (req.getParameter("NAME").equals("")) {out.println("der Name
        muss größer als 0 Zeichen sein<br>");fault=true;}
44     if (req.getParameter("USER_NAME").equals("")) {out.println("der
        Benutzername muss größer als 0 Zeichen sein<br>");fault=true;}
45     if (req.getParameter("PASSWORD").equals("")) {out.println("das
        Passwort muss größer als 0 Zeichen sein<br>");fault=true;}
46     // Ende Notwendige Felder ausgefüllt
47     if (!fault)
48     {
49      try
```

```
50      {
51        // Benutzergruppe zuordnen
52        Statement stmt = conn.createStatement();
53        String sql = "SELECT USER_GROUP FROM USER_DIVISION WHERE (
          (PURPOSE = '" + req.getParameter("purpose") + "') AND
          (UTILIZATION = '" + req.getParameter("utilization") + "'))";
54        stmt.executeQuery(sql);
55        ResultSet rs = stmt.getResultSet();
56        rs.next();
57        usergroup = rs.getString("USER_GROUP");
58        // Ende Benutzergruppe zuordnen

59        // Daten in Datenbank übernehmen
60        sql = "INSERT INTO USER
          (USER_NAME,NAME,STREET,CITY,ZIP_CODE,PHONE,E_MAIL,PASSWORD,
          USER_GROUP) VALUES ('" + req.getParameter("USER_NAME") + "','"
          + req.getParameter("NAME") + "','" + req.getParameter("STREET")
          + "','" + req.getParameter("CITY") + "','" +
          req.getParameter("ZIP_CODE") + "','" +
          req.getParameter("PHONE") + "','" + req.getParameter("E_MAIL")
          + "','" + req.getParameter("PASSWORD").hashCode() + "','" +
          usergroup + "')";
61        stmt.executeUpdate(sql);

62        // Ende Daten in Datenbank übernehmen

63         out.println("<H1>Hallo " + req.getParameter("NAME") + ".
          Willkommen im registrierten Bereich!</H1>");
64        }
65        catch (SQLException se)
66        {
67         out.println("Der Benutzername ist doppelt!");
68        }
69      }
70    }
71 }
```

8.4.3 Login.html

```
1   <html>
2   <head><title>LOGIN</title></html>
3   <body>
4   <form action="/servlet/Login" method=post>
5   <table>
6   <tr><td>Benutzername</td><td><input name="USER_NAME" size=30 max-
    length=100></td></tr>
7   <tr><td>Passwort</td><td><input name="PASSWORD" size=30
    maxlength=100 type=password></td></tr>
8   </table>
9   <INPUT type="submit" name="SUBMIT" value="SUBMIT">
10  </form>
11  </body>
12  </html>
```

8.4.4 Login.java

```java
1  import java.io.*;
2  import java.util.*;
3  import java.sql.*;
4  import java.lang.String.*;
5  import javax.servlet.*;
6  import javax.servlet.http.*;

7  public class Login extends HttpServlet {

8    String mydriver = "COM.ibm.db2.jdbc.net.DB2Driver";
9    String myurl = "jdbc:db2://localhost/cms";
10   String myuserID = "db2admin";
11   String mypassword = "admindb2";
12   String password;
13   Connection conn = null;
14   java.util.Vector bought = new java.util.Vector();

15   public void doGet(HttpServletRequest req, HttpServletResponse res)
     throws ServletException, IOException {
16    doPost(req, res);
17   }
18   public void doPost(HttpServletRequest req, HttpServletResponse
     res) throws ServletException, IOException {

19    // Aufbau HTML Grundgerüst
20    res.setContentType("text/html");
21    PrintWriter out = res.getWriter();

22    out.println("<HTML><TITLE>Rückmeldung</TITLE></BODY>");
23    executeSQL(out,req);
24    out.println("</BODY></HTML>");
25    out.close();
26    // Ende Aufbau HTML Grundgerüst
27   }

28   public void init(ServletConfig srvCfg) throws ServletException {
29    super.init(srvCfg);
30    try
31    {
32     Class.forName(mydriver).newInstance();
33     conn = DriverManager.getConnection(myurl, myuserID, mypassword);
34     System.out.println("Connection succesful ..");
35    }
36    catch (Exception e)
37    {
38     e.printStackTrace();
39    }
40   }
41   public void executeSQL(PrintWriter out, HttpServletRequest req){

42    try
43    {
44     // Hashcode des Passwortes und Benutzergruppe aus Tabelle USER
45     Statement stmt = conn.createStatement();
46     String sql = "SELECT PASSWORD, USER_GROUP FROM USER
       WHERE ( USER_NAME = '" + req.getParameter("USER_NAME") + "')";
47     stmt.executeQuery(sql);
48     ResultSet rs = stmt.getResultSet();
49     rs.next();
50    // Ende Hashcode des Passwortes und Benutzergruppe aus Tabelle
```

```
          USER

51     // Überprüfung des Passwortes aus Tabelle USER
52     if (rs.getInt("PASSWORD") ==
        req.getParameter("PASSWORD").hashCode())
53       {
54        out.println("richtiges Passwort<br>");
55        rs.next();
56        out.println("Sie sind in der Benutzergruppe: " +
           rs.getString("USER_GROUP"));
57         }
58       }
59      else out.println("falsches Passwort");
60      // Ende Überprüfung des Passwortes aus Tabelle USER
61     }
62    catch (SQLException se)
63      {
64       se.printStackTrace();
65       }
66   }
67 }
```

Selbständigkeitserklärung

<u>Versicherung nach §23 Absatz 4 der APRO BA vom 25.09.1990*</u>

(zuletzt geändert durch VO vom 12.10.1998)

„Ich versichere hiermit, dass ich meine Diplomarbeit mit dem Thema Personalisierung eines Content-Management-Systems und Abbildung dessen Datenstruktur in einer relationalen Datenbank sowie Implementierung einer Benutzerregistrierung selbstständig verfasst habe und keine anderen als die angegebenen Quellen und Hilfsmittel benutzt habe."

....

(Ort)

....

(Datum)   (Unterschrift)